気づいてますか？
子どものSOSサイン

―――― 思春期の子どもの上手な接し方 ――――

二子メンタルクリニック院長　医学博士
齋藤　昌【監修】

スクールカウンセラー　臨床心理士
福谷　徹【著】

太陽出版

はじめに　子どものSOSと思春期

ある日を境にして急に大人になる子どもはいません。大人とは「なるもの」ではなく「なっていく」ものなのです。その「なっていく」時期として一番わかりやすい時期、変化する時期が思春期であると私は考えます。

子どもから大人への変化に対して体の変化ばかりでなく、心の変化も著しいのが思春期です。

思春期は誰にでもあります。たとえば、他人から見れば「何も欠点のない良い子」にも思春期はあります。そして、その時期には「不可解な行動」や「反抗期」が必ず見られるものです。

ですから、「ウチの子はなぜ……」「ウチの子の思春期は大変……」という思いは不要です。他のご家庭も似たような悩みを抱えていることが多いのです。

この本は、子どもたちがその思春期に見せる、大人から見ると不可解であり、かつ不安をも抱かせる「言葉」に注目しました。

子ども達の言葉から「聞き逃せない言葉」や「安心してよい言葉」、「その言葉の本意」などを解説しました。

あまり専門的になりすぎずに、わかりやすく解説したつもりです。そして、何よりも思春期を迎えた子どもを持つ親御さんには身近に感じて頂ける内容だと思います。

この本に載っているすべての「ＳＯＳサイン」は、私が子ども達と接している中で体験・体感したもので、実際に子どもたちから発せられた言葉、行為ばかりです。その点からいえば、子どもたちと向かい合う上での〝生きた教科書〟となるはずです。

実際に思春期を迎えた子どもと接する際の参考として、本書が１ページでも保護者の方のお役に立つことが出来れば、心の悩みに関する相談を行ってきた者にとっては何より幸いです。


臨床心理士・スクールカウンセラー　福谷　徹

目次

第3章 どんな友人とつき合ってるの？
〜我が子の友人関係〜

第4章 お小遣い（お金）どう与えたらいいの？ ―139

～お金・物との上手なつき合い方～

第1章

これって非行の始まり？

～言葉に隠された本心～

SOS word

意味わかんねぇ〜

最近の子どもがよく使う言葉の中に「意味わかんねぇ〜」が挙げられます。聞いたときの感覚としては、相手を攻撃しているような言葉に聞こえますが、実は、「俺には（私には）わかりません……」という白旗宣言の意味を含んだ言葉なのです。

この言葉を会話のキャッチボールとして使っている場合には〝友人達との流行り言葉〟として使用していることが多く、友人や親しい間柄の人に対してしか使わない言葉です。さらに、一過性で成長とともに使用しなくなるため、あまり問題はありません。

しかし、小声で聞き取れるか否かぐらいの声量でボヤくように使用している場合には注意が必要です。そのような状態が長期間続くと、非行化傾向の一因になることもあります。

誰かに意見や注意を受けて、小声で「意味わかんねぇ〜」と言い返せば、本人にその気がなくても、相手に〝反抗的な態度〟と受け取られ、お互いに攻撃モードに入ってしまうのは、大人も同じはずです。この言葉を使い、常に相手へケンカを売っていると、結果的に問題行動につながってしまいます。

学校においても、教師などから注意を受け、この言葉を聞こえるか否かの小声で生徒が言ったときには、「何を注意しているのか、アンタの説明じゃわかんないよ」「何が悪いかわかるように言え」という〝反抗的な態度〟として教師も捉えてしまいます。

さらに、これが街の路上で見ず知らずの他人相手であれば、ケンカの原因になりえます。親しい友人、家族や親戚との会話の中で出る「意味わかんねぇ～」発言は、許しても良い範囲ですが、他人とのコミュニケーションでは、トラブルを招く場合があるので、何よりもまず使わせないことが大切です。

「意味わかんねぇ～」以外にも「うるせぇー」「ウザイ」「ぶっ殺す」「クソババア」といった言葉は、相手からすると攻撃的に感じる言葉ですから、なるべく使わせないようにしましょう。たとえ本人に相手を攻撃するつもりがなく発した言葉でも、場合によってはトラブルになってしまいます。

このような言葉遣いを注意する場合、時期が早ければ早いほど、子どもも理解し気をつけるようになります。

「意味わかんねぇ〜」とワザと小声で言うなどの言葉遣いの乱れに気がついたときには、すぐに注意しましょう。

言葉の乱れは〝問題行動〟につながるサインの可能性あり。早期発見と早期対応が重要。

【子どもの言葉変換表（一例）】

＜子どもの発する言葉＞	＜意味＞
意味わかんねぇ～	私にはわかりません
ウザイ	今は構って欲しくない
ぶっ殺す	かなり怒っています
クソババア	お母さん
はぁ？	何？
キモイ	気持ち悪い
知らねぇ～	私は知りません

これらの言葉は、言っている子ども本人にその気がなくても、相手によっては「言葉の暴力・いじめ」と捉えられてしまうこともあります。

特に「死ね」「殺す」といった言葉は安易に使わせないようにしましょう。

SOS word

バカヤロー、テメェー、ババア

「中学校に入ったら、子どもがやたらと大声で話すようになった……」と急な変化に戸惑う方がいると思います。

しかし、心配はいりません。なぜなら、中学校へ入学したばかりならば、まず部活動の影響があるからです。

特に体育会系のクラブでは、練習の前から大きな声を出させています。もちろん、先輩や顧問・監督からも指導された上で出しています。文化系のクラブでも、演劇部や放送部、音楽系は『発声練習』として大きな声を出しています。その練習がクセとなり、大声で話すようになったのであれば、部活動を熱心にやっている成果だと考えて良いでしょう。

しかし、ただ声が大きくなっただけでなく、大声で「バカヤロー！」「テメェー！」「おい！　ババア！」というような乱暴な言葉を言っている場合は問題がありません。もし、我が子が〝家族内だけで大声を出している〟なら、深く考える必要はありません。その時期の子ども達は、「大人とは何なのか？」という、自身の中にある問いに対して悩んでいるので、ときには意味もなく家族を大声でののしったりして、大人からみると『変なこと・意味不明なこと』をしているだけにすぎないのです。

特に、対家族のみの場合は〝家族になら爆発しても許されるから安心〟という思いから大声で暴言を吐くのです。大人と違ってストレスの発散方法を知らない子ども達ですから「つい甘えが出ているのだ」と、笑って見過ごしてあげることもひとつの方法です。ただし、度がすぎたら当然、注意が必要です。

気をつけなければいけないのは、「ワルぶること」に憧れ、自ら「ワルぶろう」とするときも大声になるということです。

我が子が『悪いグループ』に属していれば、敵対するグループと抗争の際、相手を威圧しなければなりません。威圧する手段として大声を出すのです。そうなった場合に備え、自分を大きく（強く）見せるために普段でも『発声練習』として大声を出している場合もあります。

実際に〝大声のテスト〟として、知っている近所の人を大声でビビらせたりすることもあるようです。

家族相手だけに留まらず、物にあたる・他人に手をあげる・誰彼かまわず大声をあげるといった状態が長期化しているような場合には、学校関係者や専門家に相談することをおすすめします。放っておくと、非行化につながる恐れもあります。

大声で話すようになるのは、部活動をしていればよくあること。ただし、乱暴な言葉を他人に向かって大声で発したり、粗暴行為を行う場合は、指導が必要。

テメェー
バカヤロー

SOS word

今やろうと思ったのに……

家事などの手伝いを頼んだり、「○○しなさい」と指示をしても、子ども達は「今テレビ観てるから後で！」「今ゲームがイイところだから終わったらね！」という返答をすることが多くありませんか？

どうしても手伝って欲しい場合にこんな返事が返ってきたら、頼んでいるとはいえ、つい要求する言葉や口調が強くなってしまいます。すると、「今やろうと思ったとこなのに、うるさい！」と、より反抗的な返事が返ってくるでしょう。そこで輪をかけて指示をすると、お互いが嫌な思いをし、悪循環になってしまいます。

子どもの言う「今やろうと思ったのに……」という言葉は、「手伝いをまったくしたくない」という意思表示ではありません。態度には現れていなくても、「自分の好きなペースで○○（手伝い）をしたい」という気持ちの表れなのです。

このような状況になりやすい場合、対応策として「今頼んでもいい？」と先に尋ね、〃親の要求を子どもが聞く気があるか〃をあらかじめ確認してから頼んでみると良いでしょう。

小学生でも低学年の頃は、言われたらすぐに「ハイ」と返事をして行動しますが、小学校高学年から中学生になると、低学年の頃とは考え方がまったく違ってきています。

なぜなら、この成長段階にある子どもは〃親の保護下から抜け出し、同じ大人の立場〃を目指しています。これは正常な成長なのです。

ですから手伝いなどを頼んだときに、「後で」と返事をする場合、本音では『自分のタイムスケジュールを調整して、親の力にもなりたい』と考えています。しかし、そう目指してはいても、まだ大人になりきれていない分、要領が悪いこともあります。

でもそこで見放したりせず、親が余裕を持って子どもに接し、「今頼んでもいい？」と子どもに〃今、親の言うことを聞く気があるか〃を尋ねるようにすると、穏やかに会話を進めることが出来るはずです。

子どもが「聞く気がある」と答えても、実際に要求をされて断るようでは〝大人化〟ではなく、甘えているだけかもしれません。

親から何か頼まれたときには、「今やろうと思ったのに」と答えていたとしても、学校の先生や先輩、年上の人達とのつき合いの中でいろいろな体験をすれば、『目上の人からの要求には自分のペースで返答してはダメ』と実感するはずです。

ただ単に〝親にだけは甘えて、マイペースを通している〟ならば、多少は大目に見ても良いかもしれません。しかし、学校や地域の生活でも、マイペースを通しすぎるような場合には、注意や指導をすることが必要になってきます。

指導方法としては、「マイペースを通しすぎることがどのようにいけないか」を言葉で説明するよりも、チームワークの必要なスポーツ（バスケットやサッカーなど）や合宿などの集団生活（農村体験・ホームステイなど）を体験させ、マイペースでいることのマイナス面を実感させるのがわかりやすいかもしれません。

マイペースを通して甘えることが出来ない他人との交流で、「自分の常識」が「他人の常識」とは違うことを教えることが、マイペースを通す子どもの対応策としておすすめです。

親や他人から言われたことを実行するのは、子どもにとって高いハードルです。しかし、自分が体験して知ったこと・感じたことを実行することは、意外にも簡単なことのように感じるようです。

言葉だけで指導するよりも、実際に体験させることもひとつの方法なのです。

「今やろうと思ったのに……」は「自分のペースでやりたい」というサイン。子どもに何かを頼みたいときには「今頼んでもいい？」と、まず聞いてみることがおすすめ。

SOS word

勉強の話はするな、うるさい!!

「勉強の話はするな！」という言葉は、多くの家庭で一度は耳にしたことのある言葉です。子どもにとって勉強の話はあまり楽しい話題ではありません。そのため、子どもが「勉強の話はするな」と言うと、親の目にはただ反抗しているように映ります。

しかし、実は子ども達、特に中学生の場合は「親には〝何も考えていない〟と思われているけど、勉強や受験は自分のことだから心配しているし、ちゃんと考えてもいる」と思っています。

この時期の子ども達は思っていること・考えていることがうまく結論や成果に結びつきません。思っていることをうまく言い返すことが出来なくても、本音ではきちんと自分なりに考えていることが多いのです。しかし、その心境を理解していない親から「勉強しなさい！　進路はどうするの？」とたびたび言われるので「うるさい！　勉強の話はするな！」と反発してしまうのです。

勉強の話を拒否させないように話し合うには〝タイミング〟が大切です。

この〝タイミング〟は「子どもと話し合う時間を無理に作れ」ということではありません。「親子で長時間、話が出来る環境」を作り、その中で自然と勉強の話を出来る流れを子どもから引き出すようにするということです。

たとえば、夕食後から就寝までの間の会話の中で「勉強の話をしたい」と親から言い出して子どもの反応を見てみましょう。ただし、我が子が塾や習い事で疲れているような場合は、話し合うには良いタイミングとは言えません。大人にも、疲れていてあまり話したくないときもあるはずです。

あるいは、休日などの長い時間の中で勉強以外のことを話しながら、勉強のことを話すタイミングを図る方法もあります。休日のリラックスしている状態に話しかけることでうまくタイミングをつかむことが出来るかもしれません。

このタイミングをうまく見つけても、いざ話の内容が勉強のことだと、子どもは少し機嫌が悪くなるかもしれません。しかし、あらかじめ子どものタイミングを図ってから話し始める場合は、多少なりとも〝今の自分の気持ち〟を話してくれる可能性は高いでしょう。また、「親の言葉が伝わったか・ウザイと感じているか・仕方なく話しているのか・やる気があるか」は、声色や態度など、子どもが話す最初の一言で、判断出来ます。

子どもの反応が良いときは、長く深い話し合いをしても構いませんが、気の乗らない返事ならば、話をするタイミングを変更したほうが良い場合もあります。これは、意識して子どもの様子を観察していると、自然と感じ取れるようになります。

そして、最も良いタイミングとは、勉強や進路関係の話を子どもから話してきた場合です。この場合、親は絶対に相談に乗る必要があります。「忙しいから後で……」などと言わず、多少の用事や買い物を止めてでもこのチャンスを逃さないで下さい。子どもが自ら、勉強の話をしたがっているので、子どもの意見を聞いたり、親の意見を聞かせるには、とても良いタイミングと言えるのです。

多くの家庭で「そんなタイミングはなかった」ということをよく耳にします。しかし、子ども達からは、「親に相談しようとしたら、〝今忙しいから後で〟と交わされ、言いそびれた」という意見が多くあることも忘れないで下さい。
この時期の子どもは気持ちが不安定なため、はじめのうちは良いタイミングを見つけるのが難しいかもしれません。しかし、子どもと話すうちに、次第に良いタイミングを見つけることが出来るようになります。そのためにも、出来るだけ子どもと話が出来る環境を作ることをおすすめします。

勉強の話を子どもにするときはタイミングが重要。子どもから勉強の話をしてきたときは、絶好のチャンス。

SOS word

テストの答案忘れた、なくした……

小学生の頃は、受けたすべてのテストの答案をそのまま親に見せますが、中学生くらいになると、徐々に見せなくなってきます。

この行動は、この時期の子どもが〝自分はもう大人〟だと主張したがり、テストも「見せなくて良いものだ」と勝手に判断しているからなのです。

しかし、この時期の子どもは、まだ自立の途中段階にいるので、自分勝手な解釈をさせたままにはしない方が良いでしょう。

特に男の子は、自立した部分を強調しようとし、依存したい部分を隠そうとします。そのため、テストにおいても結果が良いものはサラッと報告したり、答案を見せてきますが、結果の悪いテストは〝見せると親から何を言われるか〟が予想出来るので故意に隠してしまいます。

たとえば、親からテストの答案を見せて欲しいと言われると、「テストの答案は学校に忘れた」「テストなくした」などと言ってごまかそうとするのです。

小学生の頃のように、テストの結果を毎回評価されるのは中学生にとってはつらいことですが、定期的に行われる中間・期末テストの結果は、必ず保護者も確認するようにして下さい。

このとき、結果があまり優れないからといって責めないで下さい。結果を責める前に「もう一度同じテストが出されたら、今度は１００点を取れるくらい調べた？」と聞いてみると良いでしょう。

テストが悪い結果に至った過程や原因は本人が一番理解しているので、強く叱責することが子どもにとって逆効果になる場合もあります。子どもが「失敗した……」という表情や言動をとっているときには責めないで下さい。

また、テストの結果が良ければ見せて、それで終わり。結果が悪ければ、親に見せず自分の机の中などに入れて隠してしまう子どもも多くいます。この習慣をそのままにして、出来ない問題を克服せず次へ進むと、本当の学力はついてきません。たとえ結果は悪かったとしても、現時点で同じ問題が出されたら１００％解けるくらいまで復習をすることが大切なのです。

特に入試などの試験では、定期テストと違って、数年間の学習の積み重ねが重要になります。その場やそのときの狭い範囲の勉強が得意でも、まったく歯が立ちません。

テストは受ける前の試験勉強も大切ですが、返却された答案用紙で「いかに復習するか」が大切です。テストの結果をそのままにするのではなく、テスト後はどうしたら良いのかをしっかりと指導しましょう。

「答案忘れた（なくした）」はごまかしのサイン。テストの答案は必ず確認し、結果が悪くても責めるのではなく、その後にどのように復習するのかを指導することが大事。

テスト
なくした
忘れた

SOS word

俺は悪くない……

子どもに「自分は悪くない」と言われたら、専門家でも返答が難しい言葉です。

たとえば、子どもが非行に走ったときや学校で問題が起きたとき、親としては当然、「我が子は悪くない」と思いたいはずです。

トラブルの原因や事の顛末を聞いているとき、子どもから「自分は悪くない」と言われたら、信じてやりたい気持ちもあって、対応に困ると思います。

しかし、親だからこそ、そのときの状況と子どもの性格をよく見極めてから対応しなくてはなりません。

◆パターン1：本当に悪いのは我が子のはずだが、他人のせいにして責任転嫁したい雰囲気が感じとれる場合

たとえば、「俺は全然悪くない……○○（友人・知人）が悪いんだ」と一方的に相手が悪いような言い方をする場合。

子どもがこのような発言をした場合は、最初は疑ってかかっても良いでしょう。我が子が今までに何度もウソを言って責任転嫁してきた過去があればなおさらです。他人に罪をなすりつけようとすることは、人として良くない行為だということを正しく指導して下さい。正直に自分の非を認め、「ごめんなさい」と言えることの大切さを教えてあげましょう。

◆パターン2：普段は責任感が強い性格なのに、責任転嫁するような言葉が出た場合

たとえば、「俺が悪くないとは言えないけど、○○（友人・知人）が悪いんだ」と一方的に相手を責めるのではなく、自分に非があったことも素直に認めるような言い方をしている場合。

この場合、最初から疑ってかかってしまうと『子どもとの信頼関係』にヒビが入るかもしれません。後々、「親から信頼されていない」と感じるようになることもあります。どんなに子どもが不利な状況でも（周りから責められていたりしても）、我が子を信じてあげて下さい。特に信じてくれる人が親しい間柄（友人など）にいない場合はなおさらです。

ひょっとすると、何らかの理由で罪をなすりつけられている可能性もあります。

パターン1・2ともに言えることですが、子どもとの関係に自信が持てるように、日常的にコミュニケーションを強化して下さい。その上で〝信じる〟〝疑う〟を使い分ければ良いと思います。

コミュニケーションを強化するといっても難しく考える必要はありません。どんな些細なことでも構わないので、日頃から子どもと話しをするようにしましょう。そうすることで、子どもとのコミュニケーションは自然と強化されます。

逆に一番良くないことは「あなたがやったのではないなら良い」と子どもの言葉を鵜呑

みにしたまま放置することです。

子どもは大人のそのような態度を「自分を信じてくれたのだ」とは捉えずに、「親は自分に興味がないのだ」と判断してしまいます。そして、「自分が悪くないと常に言っていれば良い（物事が済んでしまう）のだ」と誤った認識をしてしまいます。

子どもの言葉をすべて鵜呑みにし、そのままにしておくことは、親としては子どもの言葉を信じたつもりでも、子どもにとっては「自分のことなんてどうでもいいのか」と放置されたと捉えかねないので、くれぐれも気をつけましょう。

「自分は悪くない」は、信じて良い場合と疑った方が良い場合とに分かれるサイン。一番良くないのは「あなたがやったのではないなら良い」と子どもの言葉を鵜呑みにして放置すること。

SOS word

・・・・・・【無言】

子どもが黙りこんでしまうことは、小学校の高学年から中学1年生くらいの時期に見られます。このことは、男子よりも、女子の方が早い時期に現れることが多く、特に女子は、男親に対して無言になることが多いのです。

無言で黙りこんでしまう理由には、次のような心理的な変化があります。

①子ども言葉で返せなくなった

成長し、大人に近づいてきたものの、大人の言葉遣いがわからず、うまく言葉で表現出来ない。

②根本的にウザがる、めんどくさがる、無気力感がある

〝常に明るく元気に楽しく〟というのは小学校低学年の子どものようで〝ガキっぽい〟と思っている。また、周囲と同じことをするのが〝ウザイ〟と言ったり、実際は気力があるのに、無気力を装うことが〝格好良い・大人っぽい〟と勘違いしている年頃である。

③親に対する甘えがある

友人に対しては無言で対応すると嫌われるかもしれないので、黙りこんでしまうような態度には出れないが、親に対しては嫌われないだろうという安心感から〝黙っていても許される〟と考えている。

男女ともに、成長過程として、親に反抗したり、勉強をさぼったりすることは発達の一環であり、健全な子どもの多くが通る正常な発達過程の一部です。背伸びをしたがるこの時期にはよくある日常的な出来事なので、あまり気に留めなくても良いでしょう。一見、おかしな行動のようですが、大人になった今、思い出すと恥ずかしいことを誰もが積み重ねて大人になっているのです。

しかし、友人と楽しく遊んでいるときに無言の態度が続く場合や、普段の生活で友人と一緒にいるときに無意味に暗くふさぎ込んでしまう場合は要注意です。また、そのような態度を、以前から我が子と親しくしている友人や、担任から聞いたときには、専門家へ相談することをおすすめします。

なぜなら、以前は明るい性格だった子どもに、親しい友人や楽しいはずの遊びの中でも鬱《うつ》的な行動が見られる場合には、なんらかの『心の問題』が心配されるからです。

公立の相談機関であれば、無料で電話相談も出来ます。気軽に利用して下さい。

たとえば東京都の場合は、各区や各市に教育相談センターや教育相談所があります。

なお、専門の相談窓口に関しては39ページをご参照下さい。

◆　◆　◆

「自分の見ていないところでの我が子の様子が気になる」という方は、次のような方法で子どもの様子を知ることをおすすめします。

・部活動の先生に聞いてみる（部活動に入っている場合）

顧問の先生は部活動の際に、直接子どもと接する時間が長い場合が多いので、担任の先生よりも子どもの様子をよく知っていることもあります。

・祖父母や親族に聞いてみる

子どもが自分の親の前では見せない部分を第三者が知っていることもあります。祖父母や親族が近くに住んでいる場合など、様子を尋ねてみると良いでしょう。

・塾の先生に聞いてみる

塾の先生の中にも子どもの生活についてよく観察している方も多くいます。それとなく尋ねてみるのも良いでしょう。

・地域の人に聞いてみる

地域の人達の情報も見逃せません。近所の人は、何気なく子どもの日常を見守ってくれていることも多いのです。親が見逃していた登下校の様子などを教えてもらえる場合もあります。たとえば、「小学校の頃は大勢の友達と登校していたのに、今は一人で登校していますね」といった子どもの様子が聞けるかもしれません。

親と子どもとの距離は近い方が良いですが、成長するにつれて子どもの行動範囲は広がり、良い意味で親から離れて自立したがります。その際、親の前では〝良い子〟を演じる子どももいるので、親の見ていないところでの子どもの様子を知ることも、子育てをより良く行うためには欠かせないのです。

親からも子どもへ近づいて理解しようと動かなければ、子どもの本質は見えてきません。足元から顔までの姿かたちだけを見つめるのではなく、少し離れて子どもの周りも観察することが大切です。第三者でなければわからない、子どもの本質もあるのです。

親への無言は思春期のサイン。友人への無言は、もしかしたら〝心の問題〟のサインかも。

【全国の相談窓口（一例）】

※内閣府ホームページより

◎文部科学省（教育委員会）

24 時間いじめ相談ダイヤル
☎ ０５７０－０－７８３１０（全国共通）
24 時間対応（休日含む）
※電話をかけた所在地の教育委員会の相談機関につながり、相談はカウンセラーなどの相談員が受け、必要に応じ、より適切な相談機関を紹介します。
■いじめ問題相談機関は全国にあります。下記のＵＲＬから検索が出来ます。
(http://www.nicer.go.jp/integration/user/map.php)

◎法務局・地方法務局

子ども人権１１０番　いじめ・体罰・児童虐待など子どもの人権問題についての相談
☎ ０１２０－００７－１１０（全国共通）
平日８：３０～１７：１５
※電話は近くの法務局・地方法務局につながり、相談は人権擁護事務担当職員及び人権擁護委員（子どもの人権専門委員）が受けます。

◇個別の相談には対応していませんが、全国の保育・子育て支援情報、子育てのノウハウや児童福祉の制度について情報を提供しているサイトもあります。

◎ｉ－子育てネット

http://www.i-kosodate.net/index.html

SOS word

二重にしたい！　こんな顔イヤだ……

ローティーン雑誌の影響で、小学生でもモデルに憧れたり、ブランド物の洋服を欲しがる子ども達が増えています。昔と違い、現代の子ども達は男女ともに幼くして見た目を気にするようになりました。化粧をし始める年齢の若年化、そして、『プチ整形』の登場により、安く手軽に出来る整形は非日常的なことではなくなりました。

思春期の男女は、特に他人からどう見られているのかということを意識し始めます。そのため、自分に自信がなくなる子どもも少なくありません。

この年頃は〝他人から見た自分〟も気になり始めますが、逆に〝自分から見た他人〟も気になるのです。そのため、ちょっと気に入らない人がいると（もちろん本気でない場合もありますが）「ブス！」や「変な鼻！」、「目ちっちぇ!!」などと容姿についての悪口をつい言ってしまうのです。

また、人気のあるタレントやプチ整形をすすめるテレビ番組の影響などもあり、「二重まぶたじゃないと恥ずかしい」と感じる子も多くなりました。

他人が思う以上に本人のコンプレックスになっていることも多く、その状態がひどくなると『醜形恐怖症』（※注）になったり、他人に嫌われるのが怖く、引きこもりになってしまう場合もあります。

度を超えたヘアメイクや、安易に整形をするようでは困りますが、化粧をすることが、少しでも自分を良く見せたい・改善したいという思いからの選択肢であれば、家族で「なぜ整形したいのか？」「なぜ、自分の顔が恥ずかしいのか？」をきちんと話し合いましょう。

決して、「親にもらった顔だぞ！」と叱ったり、「あなたの方が○○よりかわいい顔してるわよ！」などと決めつけたりしないようにしましょう。子ども自身は、そう思っていないから悩んでいるので、余計に反発してしまう可能性があります。

悩みを一人で抱え込ませず、プチ整形などへ踏み切る前に、どうしたら少しでも自分に自信を持つことが出来るのか、一緒に考えてあげましょう。
たとえば、保護者が休日に一緒になってメイクの話をしたり、出来ることを少しずつサポートして精神的な面から自信をつけさせてあげましょう。

「こんな顔イヤだ……」は思春期によくあるサイン。子どもが少しでも自信を持てるようになるならば、多少の化粧も認めてあげることも必要。ただし、校則で化粧を禁止している場合は、休日のみ化粧を許すなど、校則を前提に楽しむように指導しましょう。

※『醜形恐怖症（しゅけいきょうふしょう）』

正式には『身体醜形障害』。

自らの容姿（一部ないし全身）を醜いと思い込み、自分の外見に対して低い評価を下す。１日に何時間も自身のコンプレックスについて考えるようになり、社会から孤立してしまうこともある。人に嫌われるのが怖いと思うようになり、学校に行かなくなったり、やめてしまったり、転職・辞職、引きこもり……というケースも多い。極端に偏ったボディイメージ（モデル体型や容姿など）を持っているので、理想に近づけるために整形を繰り返し、余計に顔や体が崩れてしまうことがある。

SOS word

みんな染めてるし、パーマぐらいいいじゃん！

小学校の高学年くらいになると、「目立ちたい」「個性を際立たせたい」「明るく人生を楽しみたい」と意識し始めます。そのため、自分自身をアピールするために「ピアスホールを開けたい！」「髪を染めたい！　パーマをかけたい！」と言い出す気持ちは、とても自然な感情といえるでしょう。特に女子であれば、オシャレをしたい年頃なのは理解出来ると思います。

しかし、この「髪を染めたい！」というセリフには、「髪を染めたい！」ではなく「髪を染めちゃった！」という報告であるパターンがよく存在します。

さらに、このパターンがエスカレートした場合、髪を染めるだけでなく、耳にピアスの穴を開けたり、耳以外の体に穴を開けたり、タトゥーを気軽に入れてしまうこともあるかもしれません。

近年、ピアッシングスタジオ（ピアスを開けてくれる店）とタトゥースタジオが併設されているところもあるので、親の知らぬ間に勝手にタトゥーを入れていた……などということがないように気をつけましょう（本来、ピアッシングスタジオやタトゥースタジオなどでは18歳未満の青少年が施術を受ける際、保護者の同意書が必要です）。

親に意見を聞く前に、すでに〝実行してしまった〟場合、校則で禁止されているのにもかかわらず、勝手に髪を染めている（ピアスホールを開ける）ようなら、当然叱って下さい。しかし、子どもが勝手に実行する前に〝意志〟として実行したい理由を言ってきた場合には、頭ごなしに否定したりせず、実行前に話してくれたことを、まず認めてあげましょう。

たとえば、地毛の色が明るい、髪の毛のクセが強いなどといった体質的な問題もないのに、「みんなと同じ髪の毛の色じゃ目立たない」「先生もしているから平気」「土日とか塾のときだけ」などという安易な言葉なら認めてはいけません。そのような場合は、学校の指示に従わせるようにしましょう。

「グループの証だから」「自分だけ（髪を染めたり、ピアスを開ける）しないのは後輩に示しがつかない」などというグループがらみの発言の場合には注意して下さい。何らかの理由で悪いグループとつき合いがあり、またその関係を継続させたいと思っている場合や、いじめ被害を含むこともあるので要注意です。

女子の場合は特に、子ども達のグループ化が小学校高学年から始まり、その強い結束力は中学卒業くらいまで続くことがあります。いじめ問題に対応するとき、このようなグループが強く影響を及ぼしている事例が大半ということが、まぎれもない現状なのです。

特に、「別に自分は染めても染めなくてもどっちでもイイんだけど、私のグループはみんな髪を染めてパーマすんのが目印なんだよね」「違うグループのヤツが髪染めたりパーマしてると、私達がやめさせちゃうから！」「学校も逆に私達のグループだけ大目にみてくれてんの！　だから染めてもパーマしても平気なんだよね？」などの発言は、髪をいじることが問題なのではなく、このようなグループの一員であることが問題なのです。

しかも、学校は生徒全員が平等にいられる体制で動いているので、この場合の「先生に認めてもらっている」という子どもの発言は信用出来ません。自分達に都合が良いようにアピールしたいだけなのです。

学校のせいにするのではなく、〝校則違反を共有出来る者でないと入れないグループ〟に入るようになった子どもの「心」が問題なのです。この場合は、髪型云々ではなく、「心」に要点を絞って話し合う必要があります。

まずは「なぜそのグループに入っているのか」を尋ねてみて下さい。そのときに、単に仲の良い友人グループだから一緒に行動していて、〝みんなで校則違反をすることが格好良い〟というような考えから髪を染めたりしているのであれば、その考えが間違っていることを教えなくてはいけません。校則は生徒を縛るためにあるのではなく、集団生活の基礎を学ばせるためにあるのです。校則の必要性・意味についてきちんと指導する必要があります。

しかし、問題なのは「本当は校則違反をするのはイヤだけど、校則違反をしないといじめられる（仲間外れにされる）」という不安から、グループで一緒になって校則違反をしている場合です。この場合は校則違反をしてはいけないと理解しているので、校則の意味について説明する必要はありません。注意が必要なのは、いけないと知りながら友人に注意出来ずに、一緒になっていけないことをしていることなのです。

この時期は、親がうっとうしく感じられ、友人（仲間）を大切にする傾向があります。そのため、グループ内で違った意見を持つ（主張する）ことに罪悪感のようなものを感じてしまいがちです。特に女子の場合は男子に比べ、グループ化傾向が強いので、リーダーのような存在でない限りはグループ内であまり自己主張をしないようです。

しかし〝いけないことをしている〟という意識があり、その行動が自分にも友人にもマイナスになっているのならば、考えを改めさせる必要があります。「友人であればこそ、友人のためを思って忠告してあげることも大切だ」と子どもに教えてあげて下さい。

この問題が、家庭だけで解決するには大きすぎると感じる場合は、他の保護者や周囲の大人、学校や専門家の力を借りた方が良いでしょう。

では、実際に冒頭にあるような子どもの希望（「目立ちたい」「個性を際立たせたい」「明るく人生を楽しみたい」）をどこまで許し、認めてあげられるのでしょうか。

先程から述べているように基本的には、学校の指示に従わせるようにしましょう。

ほとんどの学校では髪をいじることを禁止していますが、中には制限をせず認めている学校もあります。

基本的には華美なヘアスタイルを禁止していても、地毛の色が明るい生徒は認めたり、髪の毛のクセが強く目立つ生徒には、ストレートパーマを許可している学校もあります。体質的な理由で、我が子が染髪・パーマを望んでいる場合には、学校・我が子とじっくり相談して解決策を見いだすようにしてみましょう。

「目立ちたい」「個性的になりたい」「明るく楽しみたい」という思いは、校則を破ったり、制服をいじったりしないと、達成出来ないものではありません。やるべきことをきちんとし、いかに個性を表現するか……を親子で話し合ってみてはどうでしょうか。

「パーマぐらいいいじゃん！」は、オシャレをしたい思春期のサイン。ただし、グループがらみの発言の場合には、非行化やいじめ被害を含む場合もあるので要注意！

小学生から中学生への変化

◆ 小学生の特徴 ◆

外見は……

＊ 見た目や発言に幼さが残る

＊ 他人からの視線をあまり気にしない

内面は……

✤ 教師や親が言うことに素直に応じる
✤ 人の好き嫌いをハッキリ言う
✤ 友人は大切だが家族とのつながりを重要視する
✤ 女子はグループを作りたがる
✤ 学校やクラスの中で一番になりたい、目立ちたいと思う

※ただし、小学校低学年から高学年にかけては、著しく変化する時期なので、すべてが当てはまるわけではない。

◆ 中学生の特徴 ◆

外見は……

✳ 異性や他人からの目を意識する

✳ 髪の毛を染めたり
化粧やピアスをしたがる

✳ 大人ぶった発言が目立つ

内面は……

✤ 周りの大人の意見に反発しがち

✤ 自分の評価や評判を気にする

✤ 人の好き嫌いをはぐらかし、本音を隠す

✤ 家族よりも友人とのつながりを重要視する

✤ 少人数のグループ、
または一人で行動するようになる

✤ 市や県、全国で一番になりたい、
注目を集めたいと思う

✤ 社交辞令を言えるようになる

学校の規則について

中学校に入学すると、小学校のときとは違い、学校の規則によって、いろいろな制限が出てくると思います。

学校の規則の必要性や意味を指導する際に、「服装の乱れは心の乱れ」「中学生らしい服装が健全な中学生の証」などという抽象的な理由では子ども達は理解出来ません。

ここでは、制服に関する事柄を中心に、学校の規則についてもう一度考えてみましょう。

◎制服が生まれた背景

もともと制服は社会状況の影響で生まれてきたものです。戦後の話ですが、登校時の洋服を自由にしたところ、毎日違う服で登校する子どももいれば、同じ服しか着て来られなかった子どももいました。そのようなことから、制服が生まれたという説もあります。

現代では、毎日着替える服を持っていないという子どもはほとんどいなくなりましたが、制服はなくなりませんでした（今でも中学・高校は制服登校が主流です）。

これは、古い時代の目的とは違い、高価な洋服の競争・奇抜な洋服が氾濫すると、学校や学級の運営・生活指導に支障をきたすのではないかという理由で継続されているのだと思われます。

一時、公立高校の制服自由化の動きがありましたが、生徒側からも標準服（登校用の制服）を希望する声が多く挙がったということで、制服を復活させた高校もあります。

◎学校の規則の意義

「学校は意味のない規則で生徒を縛り、個性を殺していて自由がない」などという意見もあると思います。しかし学校の規則には、問題行動や事件・事故の被害者になりにくくするための予防的な一面もあることを忘れないで下さい。

学校の規則で「外出の際は制服を着用すること」とあるのは、生徒がいらぬトラブルに巻き込まれないための安全面も考えてのことなのです。

たとえば、夏休みの外出の際、流行の洋服で街を歩きたい気持ちはわかりますが、制服で歩いたときとの安全性の違いを考えてみて下さい。

自身を〝学生〟と表現することで、防犯上は私服よりも断然、安全性が高いのです。その安全性の高い制服を、流行の洋服と同じように短くしたり、長くしたり、細めたり、太くしたのでは、本来の安全性も低くなってしまいます。

◎学校の規則を指導するにあたって

制服の丈や携帯電話、髪型についてなど、子どもから見ると窮屈に感じる学校の規則ですが、これを本格的に社会に出る前の予行演習のようなものであると教えてみてはどうでしょうか。

実際に、大人になって社会に出ると学校の規則よりも厳しい、いろいろな規則があります。さらには、規則とともに学生時代にはわからなかった「責任」もついてくるのです。

中学生のときは、規則違反を犯したら保護者が注意を受けることが多いと思います。また、着崩した制服で外出し、トラブルに巻き込まれた場合はその子どもと保護者はもちろん、学校側も指導されることが多いようです。子どもの行動に、その子ども以外の人達にも「責任」が問われるのです。

しかし大人になり社会に出ると、自分以外の人が責任を負うというのは、なかなかありません。つまり、自分一人で「責任」を負わなければならないのです。

このようなことを説明し、「学校の校則を守るということは、将来社会に出たときに自分のためになるのだ」ということを教えてあげた方が良いでしょう。

学校の規則を単に「イヤだ」と言う子どもに、今一度、本来の目的を見つめさせてみてはいかがでしょうか。

SOS word

万引きなんて平気、注意だけだし……

小中学生に通して言えることですが、「万引き」や「自転車を盗む」といった『窃盗』を犯しても、初犯であれば補導や注意だけで済まされてしまうこともあります。

そのため、処分を軽視し、中学生であれば「補導されてもすぐ家に帰れるし、中3になっておとなしくしていれば先輩達と同じ高校に行ける」と、自分に都合の良い部分のみ、親や友人に向けて発言してしまう子どももいます。

逮捕されなくても、「万引き」は立派な『窃盗』という犯罪なのです。当たり前ですが、絶対にしてはいけないことです。しかし、実際には何度も罪を犯して、平気な顔をしている子どもがいるのも事実です。

そんな子ども達に共通しているのは〝身近な先輩のまねをしている〟ということです。

〟ワルぶる〟ことが格好良いと思っているのです。また、ワザとワルぶった発言をして、親や友人の反応を見ている場合もあります。

この場合は、次のような指導方法が考えられます。

◆パターン１　「こういう結果をどう思う？」――子どもにしっかりと考えさせる

子どもの社会的発達が遅く、自分が発言している言葉の意味が理解出来ないような場合には有効です。加えて、社会的発達の遅い子どもは〟損得勘定〟だけで動くこともあるため、「どういう行動をすれば得か」を教えることによって、正しい行動をとってくれることもあります。

しかし、犯罪を決して認めてはいけませんので、その際には「子どもの万引きなら、親と本人がちゃんと謝ればすぐ家に帰れるかもしれないけど、万引きが止められなくなったら、今の生活（学校へ行ったり、帰宅後は遊ぶ）という日常生活が出来なくなるよ。そこまでされても、万引きしたい？」といった言葉や説明を添えて指導するのもひとつの方法です。

◆パターン2　「軽度でも犯罪は絶対にダメ」――子どもと向き合ってきちんと叱る

社会的発達が早く姿や言動から大人びて見えている子どもの場合、ワザと「万引きなんて犯罪じゃないから平気」などのモラルに欠けた発言をして、親が「自分を更正させる気があるか」「自分のことをどう思っているか」を問う（試す）ことがあります。無意識に「本気になって叱って欲しい」と思っているのです。

親が子どもと言い争いになるのを恐れて、「好きにしなさい」と放任し、黙認・静観といった態度を取っても、「俺（私）の言うことに従った」と喜ぶ子どもはあまりいません。逆に、「親が諦めて何も言わなくなった」と一番つらいこととして感じる子どもの方が多いのです。

親が何か言えば、口では「俺（私）に自由はないのか！」などと発言したりしますが、ワザとワルぶった自分に対して親が肯定してしまうと、「見放しやがった」と不満に思うのです。このあたりの心境を、どう親が見抜くかが思春期の難しいところです。

子どもの非行の相談の際に保護者がよく使う言葉に「いつ、何を、どう諭したり注意したりして良いかわからない」というのがあります。

しかし、これはわからなくて当然です。思春期は激しい成長の最中にあるため、感情のコントロールが一定していません。子どもの気持ち・感情が日々動いているので、「今日の気持ちの対応」についての正解はありません。

親子の場合は、わかりやすく言えば、「数打てば当たる」の精神で子どもと接し、対話していくことが必要です。そして、その対話の中で、我が子に効く言葉を見つけていくことが大切なのです。

「万引きなんて平気」は非行化の恐れのあるサイン。「好きにしなさい！」は、子どもにとっては親に〝見放された〟と思うもの。「犯罪はダメだ」としっかり指導することが肝心。

ちょっと、コンビニ行って来る

近くの『コンビニ』までとはいえ、深夜の外出を甘く判断して放置していると、年齢を重ねるにつれ、外出する時間・帰宅する時間が遅くなっていきます。

さらに悪化すると、学校へ行ったきり家に戻らず、友人の家を泊まり歩いたり、友人宅から24時間営業の店を中心に、繁華街を徘徊するようになることもあります。

〝友人と会う場所や時間が不健全〟だと判断出来る場合には注意が必要です。特に近所の『コンビニ』は子ども達の間で『たまり場』になっていることもあるので注意して下さい。

『コンビニ』が新たな『たまり場』として登場してきた理由としては……

①都市部では空き地も減り、友人と集まることが出来る場所が少なくなっている。
②塾・習い事・スポーツチーム等で忙しくなり、友人と集える時間帯が年々遅くなっている。
③夜遅くに友人と外で話していると『悪い人・グループ』と間違われ、警察などに通報されてしまう。また、公園なども夜遅くなると周辺から『アブナイ集まり』だと間違われてしまう。
④遊び場が少なくなっている。
（ゲームセンターやカラオケＢＯＸは遊び場であっても利用するのに費用がかかり、入店時間が制限されているところが多く、未成年が集まるには不向きなためあまり行きません。加えて、ゲームセンターは昼間でもさまざまな危険が多いので、入場を禁止している学校や地域もあります）

……以上のような点が挙げられるでしょう。

『コンビニ』は近所にあることが多く、24時間いつでも入店が可能です。また、本当はいけないことですが、雑誌などの立ち読みだけでも入店が出来ます。おなかが減ったらハンバーガーショップやファミリーレストランに行くよりも安く、店内で食べ物・飲み物を買うことが出来ます。加えて店内で食事が出来るコンビニもあります。

〝家から近い・いつも開いている・何かを食べたり飲んだり出来る〟――この3つは『たまり場』にするにはピッタリの条件です。

夜遅くの外出先として、友人の家や公園よりも「コンビニ行って来る」と言うと、親も買い忘れた物をついでに頼めるので、子どもだけで『コンビニ』に出かけることへは抵抗がないようです。

しかし、地域によっては、深夜に子ども達が『コンビニ』へ立ち入らないよう指導する警察や地域の「パトロール隊」があり、補導されることもあります。

『コンビニ』自体は、明るく清潔に保たれていますが、『コンビニ』までの道のりや、深夜になればなるほど増加する『コンビニ強盗』に遭遇しないとも限らないので、子どもが遅い時間に『コンビニ』を利用することは避けて下さい。

子どもだけで『コンビニ』を利用する時間についても『我が家の掟』を作り、犯罪に巻き込まれることや、非行化を避けたいものです。

「コンビニくらい……」と甘く判断せず、身近にあるコンビニだからこそ潜む危険に注意しましょう。

「コンビニ行って来る」は危険なサイン。思わぬ事件や事故に巻き込まれたり、非行化の原因にもなりかねないので、深夜に子どもだけでコンビニに出かけることはやめさせましょう。

今どきの門限事情

以前に比べ、最近では門限のある家庭が減少しているように感じます。

しかし、本当に門限は不要なのでしょうか？

ここでは門限について考えてみたいと思います。

◎なぜ、門限を設ける家庭が減ったのか？

①核家族化が進み、祖父母が不在な家が増えたため

以前は大家族（何世代かの人々によって構成される家族）の家庭が多く、親の帰宅が遅れても、祖父母が家にいて、門限を守ることを見届ける人がいました。しかし、現在は祖父母や親戚が近所にいない家庭が多く、門限を守らせることが出来なくなりました。

②専業主婦の減少

共働きの家庭の増加により、親が子どもの帰宅より遅くなることが多くなりました。そのため、門限をチェックする人がおらず、門限そのものが成立しなくなりました。

③下校後に塾や習い事、スポーツクラブに直行する子ども達の増加

現代の子ども達は、放課後に塾や習い事に直接通う子も多く、大人顔負けのスケジュールをこなしているので、帰宅時間も曜日ごとにまちまちです。そのために一定の門限を決めることが難しくなりました。

このような理由から、現代は門限の設定が難しくなったことは言うまでもありません。だからといって、門限が不要とも言い切れません。

「今どき必要ない」と子どもに言われても、『我が家の掟』として門限を設定することは決して悪いことではありません。なぜなら、帰りが遅いことで危険に巻き込まれる心配は昔も現在も変わらないからです。門限を設定し、帰りが遅くなる場合は連絡をするなど決めておけば、事件・事故に巻き込まれる可能性は低くなるでしょう。

しかし、門限を決めるにしても〝帰宅時間を守らせる〟だけではなく、夕食後の外出を禁止したり、何時までならゲーム等をして遊んでも良いか、何時に寝るか、なども取り決めた方が良いと思います。

門限を守ることが健全育成に結びついていた時代と異なり、現代は家にいても非行化・問題行動が発生する可能性もあります。

「放課後はちゃんと家にいるから安心ね」と思い込まず、部屋にこもってパソコンを使っているようなら、危険なサイトにアクセスしていないか、ネットオークションで不当なものを売ってお金を得ていないか、アダルトサイトを利用していないか……などに注意することも必要です。

第2章

いじめかも……

～いじめ発見のきっかけ～

SOS word

俺の○○がない、△△に盗られた……

探し物が見当たらないとき、どんな物でも「盗られた」とすぐに言ってしまうことは、小学生の低学年くらいまではよくあることかもしれません。なぜなら、幼いうちは物の管理にも不慣れで、今置いた物でも次の瞬間には忘れてしまうということがよくあるからです。物をなくしたり、自分で保管した場所を忘れるのは褒められることではありませんが、そのような子どもを強く叱責するのはあまり良い方法とは言えません。親から強く叱責されると、「もう叱られまい」と強く望んでしまうのが子どもの本音です。

さらに、高学年になると、「なくした」「忘れた」という言葉では、親から何を言われるか予想がつくので、探し物が見つからない場合、面倒を避けるために、「盗られた」「たぶんアイツが盗った」と言ってしまうこともあります。

この背景には、もちろん「俺（私）は悪くない」という子どもの気持ちがあります。親として叱ることよりも、まずは子どもに「真実を発言すること」と「自分の努力不足」を認知させなくてはいけません。「なくなった」という報告と、その理由など、本当のことを話させることが大切なのです。

物が見当たらないときに、きちんと調べてもいないのに「盗られた」とすぐに発言する場合は、自分の責任転嫁であることを告げ、指導しなくてはなりません。

具体的な対策としては、「○○をしながら、××すると忘れないよ」など、どうしたら物をなくさないか、親の経験から得た方法を教えると良いでしょう。

たとえば、「電車に乗ったときに、荷物は上の網棚に置かず、体の一部と荷物の一部を触れるようにしておくと、荷物のことを忘れて下車しようとしても、体と荷物が触れているので忘れないよ」などです。

大人も〝物を忘れた経験〟を繰り返すことで、自分に合った対策を考えて成長していきます。子どもが大人になる段階を応援しましょう。

そして、よく物をなくしてしまう子どもには、物の管理の仕方を指導してあげましょう。

ただし、保護者がきちんと調べた上で、それでも「盗られた」と発言する場合は、いじめに遭っている場合が考えられます。いじめに関わる「盗られた……」という発言は、なるべく早いうちに対処しましょう。

まず覚えて頂きたいことは、いじめられている子どもは「○○に盗られた！」と、盗ったかもしれない相手の個人名をあまり口にしません。なぜなら、いじめる側が物を盗るとき、単独で盗ることは避け、一緒にいじめをしているグループ数人で盗るケースが多いからです。

単独で盗って見つかった場合には、自分だけが泥棒として挙げられることになるので単独行動を起こそうとはしません。そして、盗った物をグループで回しながら使うのであれば、個人個人としては物を盗ったという罪の意識が低く、実際には物を盗っているのですが、「みんなで使っていれば泥棒にならない」という身勝手な思い込みがあるのです。もちろん、「泥棒」や「窃盗」であることに変わりありません。

では、いじめに遭っている場合はどう見抜き、気がつけば良いのでしょうか。

巧妙ないじめをするグループでは、新型の携帯ゲーム機を取り上げた後に、型式の古い携帯ゲーム機を替わりに与えていたという事例もあります。つまり新しい機種と古い機種を無理矢理に交換させるのです。

保護者としては、出来るだけ自分の子どもに買い与えた物をよく見て把握しておくことが大切です。我が子の持ち物に注意することが、いじめを見抜くきっかけになります。

もしも、いじめを疑う出来事が起こった場合、たとえば買い与えたばかりの物が手元にないときなどは、子どもに「この間買った○○が最近ないようだけど、どうしたの？」と、優しく問いかけて下さい。その際に「貸した・預けた・売った・交換した」などと答えたら注意が必要です。いじめがエスカレートしている可能性が高いと考えて下さい。

いじめを発見した場合の保護者の対処法には、次のような方法があります。

【いじめを発見した場合の具体的な対処法】

①学校の先生に相談する

一番良い方法は、学校の担任に相談してみることです。

ただし、何も調べない・何も考えていないうちから「いじめはありません」と主張するタイプの担任であれば、担任以外の先生にも相談することをおすすめします。校長先生や副校長先生（または教頭先生）に、〝訴え〟という形でなく、最初は相談という形で学校に行くのも良いでしょう。

②いじめる側の親・子どもに直接訴える

直接いじめの被害を訴えるという方法もありますが、いじめる側の親が非を認め、早急に指導・対応をしてくれるタイプであれば問題ありません。しかし、中には「いじめられる子が悪い」と開き直るタイプの保護者もいるので、このタイプの場合には、学校から指導してもらうことが改善に向かうスピードも早いと考えられます。

③公立の相談機関を活用する

学校にも相手（いじめる側）にも関わりが持ちづらい場合、公立教育センターの相談機関を活用されることをおすすめします。

多くの公立相談機関では匿名でも応じてくれる電話相談があります。相談者の了解があれば学校との連携・連絡が取れるので、問題改善に向けて早急な応対が期待出来ます（ただし、相談機関から学校へ連絡する際には、匿名のままでは対応出来ない場合もあります）。

「最初から相談機関に出向くのはちょっと……」と考えてしまう方は、まず電話相談からという方法でも良いでしょう。

相談上手になることも、問題改善に向けて良い方向へつながると考えます。


「盗られた」は、いじめにも関わる重要なサイン。ただ自分の不注意を責任転嫁したいだけなのか、あるいはいじめに遭っているのか、注意して原因を見極めることが大事。

SOS word

借りてるだけ、今度返すから平気

子どもの持ち物を見ていると、友人や後輩から借りているらしい物がある。「どうしたの？」と聞くと、いつも「借りてるだけ」「そのうち返すから平気」と言って、まともに話を取り合ってくれないということはありませんか。

このような場合、まずは〝本当に借りているか〟否かを確かめなくてはいけません。なぜなら、本人は借りているつもりでも、相手は「盗られた」と思っている場合もあるからです。本人（我が子）は気づいていなくても、友人との上下関係が出来上がっていて、「くれ！」「よこせ！」と言っても手に入らない物は、「貸せ！」「預かってやる」と言って家に持ち帰っている場合もあるので注意が必要です。

明らかにそういった場合は、早急に返却させなければいけません。また、貸し借りをしている相手の親と面識があるようでしたら、早めに報告しあうのが良いでしょう。報告や連絡が遅れると、親も『取り上げ行為』を黙認していると思われ、親同士の関係性が悪い方向に向かう恐れもあります。

小学校時代からの友人でも、中学生になると上下関係が生まれたり、小学校時代の上下関係が逆転している場合もよくあります。我が子が小学生の頃はいじめられる側だったとしても、中学校では逆転していじめる側になっていることもあり得るので油断は禁物です。

親同士も面識があり、親しい友人であるAくんに長期間に渡って物を貸していたり、相手のAくんの物も長く借りている場合は、お互いの仲の良さで貸し借りが出来ているのであまり問題はない関係ですが、どちらか一方が我慢して貸している場合は、正常な友人関係に戻すように親から指導しなければなりません。

「借りてるだけ」「今度返すから平気」は注意が必要。いじめなどの問題に発展してしまうこともあるので、本当に借りた物なのか、借りた物なら期限内に返すように、しっかりと指導しましょう。

SOS word

何でもない、転んだだけ……

子どもの洋服を片づけていると、制服に今までなかった汚れがつき、乱れていた。心配になって、子どもに理由を尋ねると「ただ転んだだけ……」「つまづいた」としか返事をしない……などのケースがあります。

小学生であれば、本当に転んでケガをしている場合が多く、その場合は声色や表情も明るく話すので、その雰囲気で心配ないかを判断して良いと思います。反対に声色を暗くして話す場合や、傍目で見る限り、転んだだけでつくような汚れではない場合は、当然注意が必要です。これは特に中学生に多く見られます。

また、制服だけでなく、体操着・白衣（給食配膳着）がやたらと汚れている、破れている、なくなっているという場合は、子ども達の力だけでは解決が出来ないところまで問題が進んでいることもあります。

考えられるケースとしては……

・実際は転ばされたが、加害者に「遊んでいてコケたんだから」などとごまかされてしまうので、やられたことが言えない。

・いじめてくる集団に大切な物をとられ、パスして回されているところ、それを追いかけていたら転んだ。

・自分が被害に遭ったことが怖くて言えない。

……などがあり、すべて心配な要素です。

自分で転んでしまい我慢するのは良いですが、人に何かしたり・されたりした結果、転倒するという結果になっているのならば問題です。

我が子が自ら転んでキズが出来てしまい、痛くても「もう自分は大人だから、このくらいのことでは騒がない」と冷静な対処が出来る自立型か、「言っても状況は良くならないから我慢しよう」という内向的ないじめ被害型かは、以下の要素で分けられます。

■自立型

・小学校低学年ではないから、自分で転んだくらいでは痛くても我慢する。

・小学校低学年と違って、痛いくらいで泣いていたら周りに笑われる。

・痛みがあっても我慢しないと部活などの試合に使ってもらえない。

・痛みを我慢することで、自分だけしか出来ないことをしていると思う。

・今我慢することが、結果的に今後の自分のためになると考える。

■いじめ被害型

・なぜケガをしたかを言いたいが、口外するとより大きな被害が予想されるため我慢する。

・ケガをした原因を言っても、加害者がうまく言い逃れをするので、本当のことが言えない。もしくは、同じような経験が繰り返され、言えなくなっている。

・本当のことを言っても、相手は反省しないので、我慢するしかない。

自立型は「もう、僕（私）は大人だから」と発言したり、そのように感じられる態度を取るなど良い意味で「背伸び」をしています。痛みを我慢する目的が「背伸び」や「自己アピール」によるものなので、どちらかというと外向的な態度を取ることが多いです。

しかし、いじめ被害型の多くは、周囲に言っても状況は良くならないという思いから「なんでもない……」と消極的な発言をします。痛みの原因がいじめであり、痛みを我慢する目的がいじめられていることを隠すことなので、自立型とは逆に内向的な態度を取るようになります。

我が子が自立型といじめ被害型のどちらなのか判断に迷ったときは、まずは、いじめ被害型を疑って下さい。たとえ我が子がいじめ被害型ではなかったとしても、この場合は親子関係の悪化にはつながらないので勇気を持って対応することをおすすめします。

もしも我が子がいじめ被害型だとわかった場合には、必ずいじめの現状を追究して下さい。また逆に、何らかの形でいじめに関わっているとわかった場合にも必ず追究して下さい。「我が子がいじめに関わっているかもしれないのに追求しない親」というイメージを子どもに与えてはいけません。

いじめは、時間が経つほどエスカレートしていくので、早急に止めさせないといけません。

「空振り」を恐れないで、追究して下さい。いじめを苦に残念な結果に終わるよりも、いじめが単なる思い過ごしであれば、のちに家族で笑い飛ばせば良いのです。いじめ問題の多くは「空振り」ではなく「見逃し」行為によることが多いのです。

最近のいじめは、洋服などあからさまに異変がわかるところは乱さず、体にキズをつけるケースもあります。学校側でも不審なケガ・キズ等には注意していますが、毎日全員の様子を見るには限界があります。そのため、洋服だけでなく、家で身体チェックもするよう心がけて下さい。

その際に、不信感が残るようなケガ・キズについては、必ず学校へ連絡して「子どもの様子を注意して見てもらうように」伝えることも忘れないで下さい。

「転んだだけ……」と言う子どもの衣服が〝転んだだけ〟には思えないほど汚れていたら、いじめかもしれないサイン。衣服の汚れや身体のケガに気づいたら、必ず原因を追究すること。

転んだだけだから大丈夫

SOS word

お腹が痛い……休みたい……

「お腹が痛い……休みたい……」という言葉は、誰でも一度は使ってみたい（もしくは、使ったことのある）言葉です。今の大人が子どもだった頃も使われていましたが、世代を超え、現在の子ども達にも使われています。

まず第一に大切なことは、この訴えが「病気のサイン」であるか否かです。古い考え方だと、「やる気」や「心の問題」とされ、本人の意思の弱さを指摘する考え方が主流の時代もありました。しかし、ストレスによる身体反応も多様化してきた現在、数回の検診や検査だけでは発見しにくい病気も増えています。そのため、「本当の病気」であるかどうかを第一に注目して頂きたいのです。

冒頭の言葉のように「お腹が痛い」と訴えている場合、お手洗いに行っても腹痛が治まらないようであれば、「休みたい」と言っている学校や習い事などに何らかのストレス的要因があると思われます。

『ストレス性○○』（○○には胃腸炎などの病名が入ります）と診断される症状の多くは、その原因になっている事柄をなくすと症状が回復し、正常に戻るという特徴があります。たとえば『ストレス性腸炎（過敏性腸症候群）』は、登校前や登校途中に腹痛の症状が現れることが多く、登校しない日や、学校へ欠席連絡を入れた途端、症状が消えることがあります。『ストレス性○○』の場合には、どうしたら症状を軽減出来るのか、医師と相談して症状を抑える処置を施したり、カウンセラーなどに相談しながら、原因になっているストレスの緩和を図ることが大切です。

しかし、「本当の病気ではなく仮病」だとわかった場合は、先程と別の対応を取る必要があります。

学校を欠席することで『ストレス性○○』の症状が治まり、普段と同じように過ごしている場合は別ですが、ただの仮病だったことが後からわかった場合には、「なぜ仮病を使ってまで休みたかったのか」理由をきちんと尋ねましょう。

その際に、仮病を使うのが初めてで、正直に理由（「学校で仲間はずれにされている」など、ストレス的な要因を感じさせるもの）を答えるようであれば、その態度を理解し、仮病を使ったことを出来るだけ叱らないようにしましょう。ただし、「子どもの病状や体調を心配していたこと」は、きちんと伝えて下さい。

たとえ大人でも、最初から〝自分のストレス〟を的確に言葉で説明することは出来ません。子どもの話した理由から「仮病を使いたいと感じた原因」を推測し、解決出来るように努めましょう。

特にストレスの原因が「いじめ」かもしれない場合は、悩みを抱え込ませないように、きちんといじめに対処しましょう。

しかし、ただ「学校などへ行くのが面倒」といったズル休みで、何度も仮病を繰り返している子どもの場合は簡単に許してはいけません。当然ですが、今後「お腹が痛い……」と訴えても、演技でないかを見抜かなくてはなりませんし、何らかの病気が考えられる場合以外には、半ば強引でも送り出してみることが得策と言えます。

そして、大切なのは、送り出した後です。必ず担任と連絡を取り合い、子どもの様子をしっかりと見ておきましょう。

子どもが「お腹が痛い……」と言ったときに、病気なのか、ストレス性のものなのか、仮病なのかが判断出来るように、日頃から子どもの体調に注意してあげましょう。

「お腹が痛い……」は、ストレスのサイン。腹痛の原因が何であるかを知ることが肝心。ただし、仮病の場合でも、理由によっては、出来るだけ叱らないこと。原因が、いじめによるものの場合はすぐに対処する必要あり。

摂食障害

思春期は心身ともに不安定になりやすいため、先程述べた『過敏性腸症候群』などのストレス性の症状が現れます。また、女子の場合、容姿を気にするあまり、この時期にダイエットをしようとする傾向があります。

不安定な心理状態、そして、そこに本来必要ではないダイエットがきっかけとなって摂食障害を引き起こすこともあります。養護教諭などから指導を受けている場合を除き、成長過程にいるこの時期のダイエットは不要なのです。

ここでは思春期の子どものダイエットの危険性について触れます。

【摂食障害の基礎知識】

◎摂食障害とは

拒食症（神経性無食欲症）と過食症（神経性大食症）とをあわせて摂食障害と呼びます。定期的に訪れる空腹感に対し異常な過食を実行して、その空腹感を一時的に満足させ、一時的な心の安定を図るが〝このままでいると太る・デブになる・美しくなくなる〟……という不安が沸き上がることで、食べた物をすべて吐いてしまいます。

◎身体的特徴

目に見える特徴としては、多くの場合、手の指を使用して嘔吐するので、指の関節が固くタコになっていたり、唾液腺が活発になるために唾液腺の腫れ（頬の腫れ）が見られます。また、女性の場合は無月経が現れます。他にも、鬱病を発症することもあります。

◎何科を受診すればいいのか

摂食障害の治療は心療内科・精神科・内科で行っています。近くに専門医がいない、または、専門の病院がない場合、どこへ行けば良いのか迷ったり、病院について不安が多い場合は、現在住んでいる地域の精神保健福祉センターや保健所などの相談窓口で相談する方法もあります。

◎治療法について

治療には心理療法と薬物療法が用いられます。そして、回復するには年単位の期間がかかることが多く、家族や周囲の援助は必要不可欠です。本人・家族（周囲の人々）・治療者（医師・カウンセラー）が協力して、焦ることなく、諦めることなく、回復への道を探し求めていけば必ず治癒します。

摂食障害は「ただの食べすぎ・食べなさすぎで、大した病気ではない」と思われているかもしれません。しかし、摂食障害という病気の先には「死」が直面していることを覚えておいて下さい。

状態によっては『心の問題』云々と言っていられる時期ではなく、死に至るところまで進んでいるかもしれません。

思春期の食物に関する好き嫌いは、〝大人のように食べること〟への憧れの表れであることが多いので、偏った食生活にならないように注意してあげましょう。そして、もしも摂食障害の疑いが見えた場合は、早急に病院への受診をおすすめします。

○○はバカ、ビンボー

「○○はバカ、ビンボー」などの『直接的な対人批判』につながる言葉は、小学生、中学生にかかわらず、絶対に使わせてはいけません。ただし、良い言葉と悪い言葉の違いや内容の意味も理解出来ない小学校の低学年の場合は強い指導は要らないと思います。

ここで気をつけたいことは、まず家庭の中にいる大人達が似たような言葉を使っていないかということです。

実は、このような言葉遣いについては、家庭にも責任があることが多いのです。大人でも「兄貴のヤツ……」とか「妹のヤツ……」「近所の○○さんはだらしない」「担任の○○先生、まだ独身か……」など、『直接的な対人批判』を無意識に使っていることもあります。身に覚えのある方は注意して下さい。どんな理由があるにせよ、まずは大人達から悪口や差別用語を控えることです。大人達が子ども達のお手本になるのが理想的です。

しかし、この言葉にも例外が存在します。成長期にある子ども達の口から友人に対する悪い言葉を聞いた場合は、最初の一声で否定するのではなく、「なぜ友人の悪口を言うの？」と、聞き役になることが大切です。

なぜなら、成長期の子ども達は、親離れをしつつあるので、男女ともに〝親より友人が大切〟という傾向が強くなります。その大切な友人に対して悪口を言う場合には、その悪口が特定の友人やグループからいじめに遭っていたり、いじめ加害（いじめる側）に関係している〝訴え〟かもしれません。ですから、なぜ悪口を言っているのかを必ず聞いておく必要があるのです。

しかし、タレントやお笑い芸人といった、テレビで見るような人達への悪口は多少、大目に見ても良いでしょう。この場合の子ども達の「好き・嫌い」などの情報は「性格・行動」を知るには良い材料ですから、「我が家はコミュニケーション不足かも」と感じる家庭ではかっこうの情報源です。ぜひ自然な形で聞いてみることをおすすめします。

また、仲が良すぎるほど関係が深い友人の悪口ならば、あまり問題はありません。小学生ぐらいまでは〝見たまま感じたまま〟に友人のことを表現することが多いので、悪口に聞こえてしまいますが、それも成長していくにつれ、「自分を認め、他人を認める（褒める）」ようになっていきます。

たとえば、「友達の○○は勉強も出来て、部活でも1年からレギュラー入りしそうだ」と言いながら、「そんなすごい人と友達」ということを自慢し、そして、「俺なんか何ひとつヤツに勝てそうなものがないよ」と謙遜するようになります。

しかし、中学生になっても一向にこの傾向がなく、悪口ばかり言っているようでは少し心配です。なぜなら、その理由のひとつとして、人と人とのコミュニケーション能力が適正に成長しているか疑いがあるからです。

友人の良いところを見ようとはしない、人に伝えない……ということは、「他人の良いところを公表すれば、自分がダメな人に見られるのではないか」という心配があるのかもしれません。そのため、他人の悪口を言うことで自分のポジションを守ろうとし、常に友人の悪口を言い続けなくてはならない状態に陥っていると考えられます。

コミュニケーション能力が適正に成長していない子どもに対しては、身近にいる保護者とのコミュニケーションで克服していきましょう。

方法のひとつに『褒めること』があります。たとえば、普段の会話の中で日頃は「ありがとう」という言葉をあまり言えない子どもが、感謝の言葉を自然に言えるようになったら褒めてあげて下さい。褒められることが子どもにとっては、コミュニケーションを再認識するきっかけになるのです。

また、『褒めること』の他にも、コミュニケーションを練習する時間を積極的に設けてあげることも方法のひとつです。

特に一人っ子や周囲に同世代の子どもがいない場合は、子ども同士のコミュニケーションを経験する環境が少ないので、地域の子供会や習い事があるのならば、積極的に参加させて下さい。これもコミュニケーションが苦手な子に対しては、良い経験になるはずです。

「○○はバカ、ビンボー」はコミュニケーションが苦手なサインかも。「なぜ悪口を言うのか」を尋ね、指導が必要か否かを判断しましょう。

SOS word

自分より下だから

小学校低学年くらいまでは、自分の見たものや感じたことをストレートに表現してしまいます。

たとえば、成績が自分より悪かったりすると、「自分より下だから」と言ってしまうのは、語彙が少ないために、自分の幼い感性で言葉に出してしまうのです。

他者を「見たまま」「感じたまま」の言葉で表現するのは、小学校低学年くらいまでです。高学年になると、「言ってはいけないこと」「言葉としての善悪」くらいはわかり始め、低学年のように「見たまま」「感じたまま」の言葉では表現しなくなります。

しかし、それが出来ない子どもは、その子ども自身の問題か、周りの環境によって成長していないと思われます。

「自分より弱い者だ」と感じたからといって攻撃するのは、とても悪いことですし、それをそのままにしておくのは、いじめ加害の肯定につながります。

外見で判断されたり欠点を攻撃されることは、誰だって嫌なはずです。高学年になっても他人を物やお金、外見で判断する子どもには、他人の欠点を攻撃するのではなく、他人の良いところを見つけさせ、その良いところをまねるようにアドバイスをしてあげましょう。

また、他人よりも成績で優位に立つことばかり気にしている子どもには、「自分に勝つこと」を教えることが大切です。

たとえば、受験などで高いレベルになると、「○○さんに勝つ」だけでは目的は達成出来ません。目標だった○○さんに勝ち、クラスの全員に勝ったとしても、「自分の実力」が不足していると難関の志望校には合格出来ないはずです。

自分のほうが優位だからといって、「アイツは俺より下だから」などと、友人を自分の子どもが攻撃したとき、そんな態度を断固として認めてはいけません。「自分より下（成績が悪い・欠点ばかりが目立つ等）だから攻撃して良い」という感性が育つと危険です。

また子ども達の中には、「ホームレスはダメ人間」というレッテルを貼る子どももいます。これは、大人の社会で言われている格差を単純に判断して、「きちんとした家がなく、安定した仕事もない。そんなダメな人間は社会のクズ、クズは何をされてもいい人間達だ」という発想が言葉の背景にあります。

このような思想は幼稚で、なおかつ危険な考えです。これでは、行き着く先は〝ホームレスへの攻撃〟つまりは〝弱い者いじめ〟になってしまいかねません。当然のことですが、〝弱い者いじめ〟は絶対にしてはいけない行為です。

仕事の種類や会社での役職、身なりにとらわれて人にランクをつけることは、子どもだけではなく大人でもしてはいけません。

成人近くになっても、「自分より下だから攻撃する（たとえば、ホームレスや年下への悪口・暴行）」学生もいますが、その学生は、幼い頃に親も同じ態度であったということがあるようです。

この問題はある意味、親の考え方・生き方を反映する問題なのです。我が子が〝弱い者いじめ〟をしないためにも、常日頃から親自身がそのような行為をしていないか注意しなければいけません。万が一、自分がそのような行為（発言）をしていると気づいたならば、すぐにやめましょう。親が口にする対人批判などのマイナスな言動は、必ず子どもへの悪影響となって表れるのです。

そして、もし我が子が弱い者いじめのような行為をしている場合は、早急にやめさせましょう。

「自分より下だから」は危険なサイン。弱い者いじめにつながりかねないので、そのような言葉を使っている場合は注意が必要。そして、親自身にも問題がないか、振り返ってみることも必要。

××ですけど、○○くん（さん）いますか？

最近は携帯電話を持っている子どもが少なくありません。

子どもの携帯電話の所有を巡っては、たとえば東京都や群馬県太田市、佐賀県佐賀市などが、子どもに携帯電話を持たせないよう保護者に呼びかける運動を展開しているほか、福岡県芦屋町では『こども、脱ケータイ宣言』という小中学生が携帯電話を持つことを原則禁止する動きもあります（129ページ参照）。

地域によっては小中学生の携帯電話の所有については早すぎるという見方もあるようです。また、家庭によっては携帯電話の所有を認めていなかったり、所有を認めていても友人との電話には家の電話を使わせるようにしているところもあるようです。

そのような家庭の場合、中学生になって突然〝聞いたことがない名前〟の相手から、

「××ですけど、○○くん（さん）いますか？」と我が子宛てに電話がかかってきたら、「新しい学校生活で友人も増え、把握しきれないのも当然」だと判断し、声色から電話の相手を「〃我が子と同じくらいの年齢〃だから〃我が子のことを知っている〃」と解釈してしまうのが自然でしょう。そのため、中学生ぐらいの子からの電話だと、相手の名前を知らなくても、つい我が子へ取りついでしまいがちです。

しかし、ただ家族が知らないだけの相手からの電話でなく、もしかすると〃本名を名乗ると電話を取りついでもらえない恐れ〃があるような子が偽名を使ってかけてきているのかもしれません。相手は偽名を使うようなウソをついてまで我が子にコンタクトを取っているので、この場合は何らかの嫌がらせや攻撃をしている可能性が否めません。

〃聞いたことがない名前〃の相手からの電話の場合は、我が子に電話を取りついだ後は、可能な限り電話中の子どもの様子や表情をよく観察してみましょう。

我が子が「しまった……本名なら取りつがないから偽名を言って連絡してきたんだ」という顔や「違う！　本物の××（偽名に使われた友人）じゃない！」というような親しい友人と話すときとは違う素振りを見せたら、すぐに「どうしたの？」と声をかけて下さい。

この問いに「ウソの電話だった」などの返事が返ってきた場合、「今度から偽名を使ったと思われる電話があったとき、どう対処して欲しいか」を尋ねて下さい。

また、このような悪質なイタズラを防ぐためにも、知らない友人からの電話はすぐに取りつがないようにし、こちらから折り返しの電話を入れることを相手に伝えたり、知っている友人からの電話でも、取りついだ後の子どもの様子は常にチェックするクセをつけておいた方が良いでしょう。

このようなケースは、子どもの様子を意識して見ておくことで『いじめの早期発見』に効果的です。

子ども宛てにかかってきた電話は、相手が誰なのか要チェック。電話中の子どもの様子などを観察することで、ときには、いじめの発見につながることも。

SOSword

○○と会うから……

子どもが「○○と会うから」と言って出かける場合、それは〝友達から誘われたのだ〟と考えて良いでしょう。部活の先輩・後輩からの呼び出しや、親しい友人からの連絡なら、あまり心配はいりません。

しかし、まれに、連絡してきた友人・知人の名前を子どもが偽って親に告げることがあります。そのようなときには要注意です。

子どもが友人の本当の名前を挙げない理由としては〝親に知られたくない・覚えて欲しくない名前〟なので、「大人から見ると良くない関係だ」と子ども自身が感じている友人と言えるでしょう。

子どもが〝大人から見ると良くない関係だ〟と感じる友人の例を挙げると、

・ファッション・言動・仕草などの外面があまり良くない子
・友人の外見に影響を受けて、我が子が同じようになって欲しくないという親の思いを知っている場合
・「友人にそそのかされて非行をしてしまいそうだ」と自分自身が感じている関係
……などです。

また、相手が異性であれば、単に恥ずかしい気持ちがあって、名前を伝えない場合もあります。

心配なのは同級生からの誘いの電話（連絡）がきたのに、なぜか我が子が緊張して嫌がっているような場合です。

一見すると普通の友人グループですが、その友人グループからの〝悪い誘い〟の場合、そこにはいじめが存在する可能性があります。子どもにかかってきた電話が、いじめを発見するきっかけになることもあります。

同級生からの呼び出しの連絡でも、そばに上級生と思われる人がいる場合や、以前まで

は、連絡がきた友人の名前を親に言っていたのに、急に言わなくなった場合も要注意です。

『友人関係』とは、『上下関係』ではありません。対等な関係を表す言葉なのに、同級生でありながら、上下関係を作っているのは良くありません。

学校の部活内であれば、多くの場合、顧問の先生の監督・指導があるため安心度は高いのですが、周囲の大人に管理されない、管理を拒むグループ内にある友人関係については危険度が高いのです。

過去にニュースになったいじめ事件を思い出して下さい。

加害者達は、「遊びです」「遊びの中で起こった事故です」「ヤツは好きでこのグループにいた」というようなことを口にしています。友人間で上下関係を作ると、このような悲しい結果で終わってしまうのです。

我が子が、友人との交流に何かしらの抵抗を感じているのなら、もしかするといじめの入り口にいるのかもしれません。心配な場合は、学校関係者や専門家に連絡を入れることをおすすめします。

そしてもし、心配をして連絡を取ってみたら〝心配のしすぎ〟という結果であった場合も、決して〝連絡しなければ良かった〟などと思う必要はないのです。
「いじめは認めない！　我が子がいじめる側になっても許さない！」という気持ちを多くの大人が表すことが、いじめの撲滅につながるのです。

「○○と会うから」と言って出かける場合、ときには、いじめや非行につながる〝悪い誘い〟が存在する場合もあるので、子どもが出かける際には、その様子に十分注意。

第3章

どんな友人とつき合ってるの？

～我が子の友人関係～

SOS word

先輩が……　先輩に……

中学校生活にも慣れてくると、我が子の口から「先輩が……」「先輩に……」という先輩がらみのセリフをよく耳にするようになると思います。

これには〝上級生に対しての憧れ〟の意味と、〝先輩に怒られないよう注意しなくては〟という考えが含まれています。

会話に出てくる「○○先輩に……」の〝○○先輩〟が部活や同じ学校の先輩で、普段から親しくしてもらっているような相手や面識のある相手であれば、関係性に問題もなく、安心しても良いでしょう。

しかし、いくら親しい先輩とはいえ、部活や学校の帰りに飲食店などでたむろしたり、人目につきにくい場所で喫煙・飲酒などを教えたり、万引きを指示するようであれば、本人達は仲が良いと思っていても、実情はいじめと似ています。

また、先輩から喫煙や飲酒などの問題行為（行動）を教えられ、おもしろがってそのような問題行為（行動）を一緒にやっている場合もあります。どちらの場合も決して良い影響を受けているとはいえませんので、そのような先輩と我が子がつき合っている場合は指導が必要です。

この時期の子どもは、自分と先輩との仲について尋ねても、わざわざ説明したがらない傾向にあります。そのため、気づかないうちに問題行動を起こすようになっていたということもあるかもしれません。我が子の様子が心配な場合には、帰宅後の態度や持ち物の状況などを注意して見てみると良いでしょう。

塾や習い事以外で帰りが遅くなる子どもであれば、なるべく帰宅するまでの行動を把握しておくことが必要です。

昔は、部活の先輩や顧問の先生に我が子を安心して預けることが出来ましたが、最近では熱心に部活動につき合ってくれる顧問の先生も少数派になってきているように思います。

また先輩から『しごき』という名目で暴行事件が起こったニュースを耳にすることもあります。もちろん、そのような部活動は少数派ではありますが、「ウチの子は部活を真面目にやっているから大丈夫」などと安心しきってしまうのもいけません。

もし部活動の上下関係などで心配事があるときは、先生や同じ部活の友人に、直接我が子の様子について尋ねてみると良いでしょう。

また、部活動に入っていない、いわゆる『帰宅部』の場合は気づかないうちに問題行動の入り口にいることもあるので、以下のことに注意し、先生や友人に様子を尋ねてみることをおすすめします。

■注意して見ておきたい点

・遅い帰宅までの長時間、何をして過ごしているのか
・衣服からの異臭（タバコやアルコールの臭いなど）はないか
・お小遣いでは買えないような高価な物を持っていないか
・新しい物（文具・化粧品）がたくさん増えていないか

同級生の友人に限らず、子どもとつき合いのある先輩を知ることが、我が子の成長を知るきっかけになることもあります。会話の中に「先輩が……」という言葉が出てきたら、どのような先輩なのか尋ねてみることをおすすめします。

「先輩が……」は新しい人間関係を表すサイン。しかし、中にはいじめが存在するケースもあるので、先輩と子どもの関係に問題がないかどうか注意が必要。

SOS word

明日、アイツら連れて来るからヨロシク！

我が子が、「友人を家に連れて来る」と言い出したとき、その相手が近所や学校で〝ガラが悪い〟などと噂される子どもだった場合、どう対応すれば良いでしょうか。

親の立場から言うと、「悪い噂を聞く子どもとつき合いがあると非行に走るのでは……」といった不安から、友人の訪問を一方的に拒否しようとするかもしれません。しかし、友人のことを何も知らず、ガラが悪そうだからという理由や噂だけで、嫌な顔をするのは避けて下さい。

子ども自身も、悪い噂がある友人を招くことを家の人が嫌か嫌でないかくらいは、ほとんどの場合察知しています。簡単に言えば、「家に招くことを許してもらえない」とわかっているので、それでも家に招きたい場合に、あらかじめ伝えてくるのです。

なぜ我が子が「それでも招きたい」と思うのか、我が子に理由を尋ね、その反応から対処の仕方を検討してみましょう。

■「家の人が不在だから友人を招きたい」ことが窺える場合

理由を尋ねたときに返ってきた返事が、「明日は誰もいないんでしょ？」というような、〝家の人が不在だから招きたい〟ことが窺えるということは、家の人がいると出来ないけど、留守中なら出来ることをしたがっていると考えられます。たとえば、飲酒・喫煙、成人指定のビデオ・ＤＶＤ観賞などです。

悪いことをするために家に招くだろうと感じられる場合は、返事が返ってきた最初の段階で〝拒否〟するか、または〝簡単に認めない〟という姿勢で対応しましょう。

■「なんとか友人を家族に認めて欲しい」と窺える場合

このような気持ちで我が子が「友人を家に連れてきたい」ことが窺える場合は、単に〝友人を認める〟というだけではなく、その友人はどんな子であるか、我が子の話をさらによく聞いてあげることが大切です。

また、我が子が話すことを聞くだけでなく、親の方からもその友人の性格や生活態度について尋ね、どんな友人かを知ることが大切です。お互いに理解を深めたら、家へ招いても問題はないと思います。

「家に招くことを強要されている」ことが窺える場合

親から、「どういう友人なのか」「なぜ、家に呼びたいのか」と尋ねられ、返事がちぐはぐだったり、子ども自身から「ぜひ招いて遊びたい」という意思が伝わって来ない場合には〝相手から強要されている〟か否かが見抜けると思います。

この場合、絶対に招くことを許さず、拒否の姿勢を通して下さい。子どもからは、「約束したから、許してもらわないと困る！」という反論があるかもしれません。しかし、本音では、「友人の訪問を許さないで」と願っていることもあるのです。

「我が子が強要されているのでは？」と感じた場合、改めて〝我が子本人に理由を尋ねること〟で何らかの問題に巻き込まれることを未然に防ぐことが出来るかもしれません。ですから、子ども自身に「ぜひこの友人を家に連れてきて遊びたい」という意思が見受けられない場合は、断固として家に招くことを拒否して下さい。

一方、親の目からみると、「友人のだらしない服装や行動に憧れている我が子が、それに染まっては困る」という思いが一般的だと思います。

しかし中には「アイツは良いヤツだけど、ガラが悪いから友人が少ない。家庭環境も複雑だから、学校でもイライラしているし、よくキレる。ヤツのウチでは夕飯も用意されてないみたいだから、僕の家で外食っぽくないものを食べさせてあげたい。友達が悪いヤツにならないように、家に誘ってみたんだ」と、子どもながらに「何とか友達を助けたい……良い方向に向かう手助けをしたい」という理由で交際している場合もあるのです。

我が子が友人を家に呼んだ「事情・意図」を考えずに、友人に関する噂や外見だけで一方的に決めつけては良くありません。子どもが意思を持って行動している場合は、子どものことを信用し、支える必要があるときに手助けしてあげるのが親として理想的です。

本当に悪い友人（グループ）は、他人の家で遊ぶより、もっと自由な場所（繁華街や屋外）で遊ぶ傾向があるので、子どもが見かけの悪そうな友人を家に呼んだとしても、怒らず、怖がらず対応しましょう。

子ども達も子どもなりの考えで友人と交際しています。家にきた友人を理解することは、我が子を理解することにおいて有効です。

たとえば、我が子が親に言えない悩みで深く悩んでいるときなどは、学校の先生や、カウンセラーよりも、我が子の友人に様子を聞くことが頼りになることもあります。

子どもの友人関係から我が子の成長の程度を知ることも出来るので、問題がないと判断出来る場合は友人を招き、我が子の成長を知るきっかけにして下さい。

「友人を家へ招きたい」は成長のサイン。「なぜ招きたいのか」子どもの考えを聞いてあげること。ただし、親が不在のときに友人を招こうとしている場合や強制されている場合は要注意。

どんな友達かしら……

SOS word

彼氏（彼女）が家に来るからヨロシク！

同性の友人達と一緒になって〝勉強〟や〝グループ制作〟と称して、異性の友人が家を訪れることもあるでしょう。ただ、異性の友人が一人で遊びに来るとなると、我が子が男女どちらであっても、気がかりなものです。

しかし、家庭の状況（家族構成など）はさまざまなので、どのような対応が望ましいかという答えを、ひとつに絞ることは困難です。異性の友人に対して注意すべきことや接し方など、子どもと改めて検討してみて下さい。

まずは、「なぜ家に来るのか？」という目的からです。

「家の人が誰もいないから」という目的で来訪するとわかれば、当然注意が必要です。家の人が不在のときを狙っているのなら、不在になる状況を作らないようにし、どうしても長時間家を空けなければならない場合は、（親の）友人や知人を呼んで、留守中に我が家で過ごしてもらうようにするのもひとつの手段です。また、遊びに来る異性の家庭との関係が良ければ、親同士で連絡を取り合うようにしましょう。

目的がわかれば、次はどのように接していくかが問題です。

相手の家庭とも、幼い頃から親交があれば話は別ですが、最初はお互いに気まずくとも『自己紹介』が出来る関係が望ましいです。相手に〝我が子と本当の意味で友人になりたい〟という思いがあるなら、このくらいのハードルを越えてもらいましょう。紹介さえ出来ない程度の関係の友人は、本来家に招いてまで遊んだりしません。

中学生から高校生ぐらいになると、親以外に子どものことを一番理解しているのは、友人であることが多いので、異性であっても我が子の友人を知っておくことは大切なのです。

「彼氏（彼女）が来るから」は成長のサイン。まずは「なぜ家に来るのか？」という目的を知ることが肝心。そして家を不在にせず、お互いに挨拶が出来るような関係を作ることが大事。

SOS word

○○の家で勉強して来る

小学校高学年くらいになると、自己主張も強くなり、家族より友人との時間を優先するようになります。これは、健全な目的での交流で何ら問題はありません。

とはいっても、友人の家へ遊びに行くという場合には、相手の家の様子を多少なりとも事前に聞いて把握しておくことが大切です。

一番注意しなくてはいけないのは、深夜まで保護者が誰もいない（大人が帰宅しない）家であったり、家族はいても、自分の子どもが連れてきた友人がいつ帰宅したのかを家族も把握していないような家であることを、親に隠して友人宅へ行こうとする場合です。

単に仲の良い仲間が集まっている『たまり場』なら、何ら問題はないのですが、どうしても背伸びしたい・目立ちたい気持ちが強く、好奇心が旺盛な時期なので、その友人宅の放任傾向が強ければ、その友人宅を『悪いたまり場』にして遊び気分で喫煙や飲酒をする可能性が高くなります。

理想を言えば、友人の保護者と親しくなり、保護者同士が連携を取って、子ども達の遊んでいる様子などをお互いに把握することが一番安全です。友人宅との距離が少し離れているときなども、面識があれば送り迎えをする際にもスムーズになります。

この時期の子どもは、大人には理解出来ないようなくだらない話でも、朝まで話していたい年頃です。健全な子どもでも、そのような傾向があります。

ですから「○○の家に行く」と言っても、すべて心配する必要はありません。しかし、『悪いたまり場』を作らせず、非行に走ることを防ぐためにも、子ども達の様子を気にかけることが大切なのです。

「○○の家で勉強して来る（遊んで来る）」は用心すべきサイン。もし、相手の保護者が不在であることを隠して友人宅へ遊びに行こうとする場合は要注意。

SOSword

友達が行ってるから塾に行きたい

子どもが「友達が行ってるから塾に通いたい！」と自分から申し出てきた場合、本当に勉強したい意思があれば、入塾させるのも学習意欲を高めるひとつの方法です。子ども自身が「○○をしたい」と意欲的になっているときは、応援してあげた方が良いと思います。

しかし、この場合「友達が行ってるから」と余計な一言がついているので、「勉強をする」と言われても、すぐに入塾を許可することはおすすめ出来ません。なぜなら、親しい友人が通っているから〝遊びの延長〟で入塾したいという場合は、本人にとっても友人にとってもマイナスになることがあるからです。

しかし、同じ「親しい友人が通っている塾だから」という理由でも、「親しい友人の成績が良くなったから」「自分より勉強が得意でうらやましいから」という理由もあって希望しているのかもしれません。この場合には向上心からなる希望なので、認めても良いでしょう。

また、「勉強が嫌いだから、家ではついつい勉強以外のことをして遊んじゃう……だから、塾に行くと集中して勉強する時間が増えると思うから行ってみたい」などと、より具体的に言うようであれば、入塾させるのも良いかもしれません。

いずれにしても、子どもとよく相談し、塾に通いたい本当の理由を見極め、じっくり考えてみましょう。

最近の塾は、見学期間やお試し期間を設けているところも多いので、それを利用するのもひとつの方法です。

見学をさせてみて、「楽しそうだから私も入りたい」と言っているのであれば、少し気がかりですが、「みんな（友達も）ちゃんと勉強してて、まじめな雰囲気だった」と言うのであれば、〝遊びの延長ではない〟と本人も理解しているので、行かせてみても良いかもしれません。

また、一口に塾と言っても、さまざまなタイプの塾があります。友人が通っていて、成績が上がると評判の塾でも、我が子も〝同じ塾へ入れば成績が上がる〟とは限りません。我が子にあった勉強方法で指導してくれる塾に出会うことも大切なのです。

少人数で難関校の入試中心に指導する塾もあれば、多人数で学校の予習復習・宿題の手伝いをしてくれる塾もあります。我が子の学力だけでなく、性格・性質も考えながら塾を考えることが必要です。その際には、我が子が塾へ通いたいと思う理由をしっかり見極めておくと教室選びもスムーズです。

保護者の中には、「みんなが通っている塾に行かせなかったら仲間はずれにされるのでは……」という心配を持つ方もいるかと思います。しかし、それ以前に「我が子が何をしたいのか、それに適応する塾はみんなが通っているところなのか？」をよく考えてみて下さい。

どうしても塾に通わせなくてはいけない、というものでもありません。「勉強しなくては……」「勉強させないといけない」という保護者の勝手な思いだけで無理に塾に通わせるのが、子どもにとって本当に良いことなのかもう一度考えてみましょう。

〝勉強＝塾、塾＝勉強〟以外にも選択肢はあります。

「何をどのように学ぼうか？」「どのようにすれば意欲的に勉強するのか」などを子どもと話すことが大切なのです。

「塾に行きたい」は学習意欲を高めるサイン。ただ「友達が行っているから」という理由で周りに合わせるのではなく、子どもの学力・性格・性質を考えて、塾へ通うか否か、どういう種類の塾へ行けばいいのかを子ども自身と話し合って決めることが大事。

SOS word

自分だけケータイがないと遊んでもらえない

少し前までは「ケータイデビューは高校入学から」という言葉もありましたが、今や携帯電話を持ち始める年齢は、都市部も郊外も小学生・中学生くらいに下がってきているようです。特に、塾や習い事、地域のスポーツチームに通っていて、帰りが遅くなる子ども達の多くは携帯電話を所有しているようです。

小学生・中学生に限らず、周りの友人の多くが携帯電話を所有していると、携帯電話を持っていない子どもは「自分だけケータイがないと遊んでもらえない」などと言って携帯電話をねだる子どもも少なくありません。

しかし、そう言って携帯電話を所有しようとする子どもは〝保護者がなぜ携帯電話を持たせるのか〟という目的に気づいていないことが多いので、簡単に携帯電話を与えてはいけません。

携帯電話は、数年前までは大人のための「便利な連絡ツール」でしたが、今は子ども達にとって「防犯グッズ」のひとつとして、「安全のためなら……」という理由で子どもに持たせている家庭もあります。携帯電話を持っていたおかげで、事件・事故が防げた例もニュースで報道され、今や携帯電話は〝子どもに持たせたくない物〟の枠から『防犯グッズ』へと昇格しました。

学校は最初、親公認であれば、個人の私物購入は自由なので携帯電話の所有を認めていましたが、校内への持ち込みは禁止していました。校内で所有していた場合には没収し、親に返す……という方法を取る学校が多かったように思います。なぜなら、公立校の場合は近所から歩いて登下校が基本だったため、携帯電話の必要性が特になかったからです。

しかし、今日では都市部も地方も、少子化により遠方からの通学者が増え、バス・地下鉄・スクールバスで通う子どもが多くなっています。そのため、帰宅してから塾や習い事教室などに通うという、従来の流れが通用しにくくなっています。

したがって、現在、学校への携帯電話の持ち込みは「原則禁止」ですが、やむを得ない事情から、所持・持ち込みを認めている学校もあり、その場合は校内での使用を禁止しているようです（※注）。また、担任が管理し、帰宅する際に生徒に返すという方法をとっている学校もあります。携帯の持ち込み・校内の使用については、学校のルールに従うようにしましょう。

子どもが通っている学校が携帯電話の持ち込みを認めているのであれば、子どもと直接連絡が取ることが出来る上に、防犯にも一役買ってくれるので、携帯電話を持たせるよう検討しても良いと思います。

ただし、その際には、子どもに「欲しいと言われたから与えた」という印象にならないよう注意して下さい。そのような印象を子どもが持ってしまうと、メールや電話を必要以上に行い、高額な料金になってしまう恐れもあります。

子どもにとっては友人との連絡にも手軽に使えるため「友達が持っているのに、自分だけないと困る」と言ってくるかもしれません。しかし、保護者としては『防犯グッズ』のひとつとして、あくまでも〝安全面を第一〟に考えていることを伝えましょう。

子どもに携帯電話を持たせる場合には、「ケータイがないと遊んでもらえない」から与えるのではなく、「防犯上必要だから」という理由をはっきりと伝えることが必要。学校などへの持ち込みに関しては、学校のルールに従うようにさせましょう。

※『いしかわ子ども総合条例』

石川県議会可決された全国初となる保護者に対して小学生から中学生に携帯電話を持たせないよう要請する条例。平成22年１月１日から施行。

条例では小中学生の携帯電話・ＰＨＳ利用を制限するほか、携帯電話の利用に関する啓発活動、保護者や学校関係者が相互連携により適切な携帯電話の利用に関する取り組みを進めることが記されている。

SOS word

メールチェックやブログチェックで疲れる……

親の世代や、それ以前の年輩の人達が若かった頃は、親に怒られながらも長電話をしたり、今の子ども達よりも必死になって、自らコミュニケーションを取るような時代でした。つまり、その当時の主なコミュニケーションは、1対1で接する対人コミュニケーションだったのです。

しかし、現代のコミュニケーションは、対人ではなく携帯電話やパソコンのツール経由に形を変えました。携帯電話やパソコンでメールをして、日常の出来事をやり取りしたり、パソコンのホームページを持っている子や、ブログを書いている子のサイトへアクセスしたりします。

多くの子が携帯電話を持っているので、直接話をしたい相手とつながるため、夜中でもおかまいなしに電話をかけ合います。さらに、特定の相手（友人や彼氏・彼女）だと通話料が無料になるプランも登場し、帰宅してからは電話をつなぎっぱなしにする子どもも多くいるようです。

もちろん〝誰かとつながっていたい〟という気持ちもわかりますし、携帯電話（メール）があることで寂しい気持ちが紛れ、嬉しく感じることもあるでしょう。

しかし、その反面、「今日は疲れているから」というときでも、直接連絡があるので友人のことを無視するわけにはいかなくなっているのです。

体調が悪いことが知られている場合には、相手の友人も気遣ってくれますが、そうでなければ「アイツ、つき合い悪い！」と思われたり、「なんでブログのコメントくれないの？」「メールの返事返せよ！」などと友人からのクレームが入ります。

以前は、1対1でしかなかったコミュニケーションが、今は携帯電話などのツールによって1対複数のコミュニケーションとなり、友人グループとの会話が安価で簡単に、いつでも・どこにいても楽しめる時代になりました。

しかし、連絡を取りやすい時代になったからこそ、マメに連絡を取り合わない子は、そのうち友人同士の輪の中から外されるようになってきたのです。連絡を一度だけ忘れてしまうなど些細なことで、友人との関係が崩れかけてしまうのが〝現代の人間関係〟なのです。

気が向かないときも、毎日のように人と連絡を取らなければいけなくなってしまった今、うっかり連絡をし忘れただけで、「相手にされない」「無視された」と感じ、その寂しさから連絡をくれなかった相手を責めてしまい、いじめにまで発展してしまうケースもあるのです。

携帯電話やパソコンですべてのコミュニケーションを済ませてしまうことは、人間の感情も成長するこの時期＝思春期にとって、不十分なことだと思います。

家にこもって、インターネットや携帯電話ばかりで連絡を取っているようなら、直接外に出て人とかかわることをすすめてみて下さい。たとえば、地域の活動（祭りやボランティア活動など）に参加させることも良いと思います。

夜間の外出や深夜営業中心の施設にたむろするなど、度のすぎた遊び方はよくありませんが、友人とのコミュニケーションでは、多少の摩擦を恐れず、安全な『たまり場』（※

注）で活動することで、心の成長も期待出来ます。

携帯電話やパソコンのコミュニケーションだけではなく、直接相手と向かい合って行うコミュニケーションの大切さを教えてあげましょう。

※安全な『たまり場』とは、小学生なら「地域のクラブ」、中学生なら「部活」のような、仲の良い者同士が集まり何かの目標に向けて練習や相談をする安全な環境や空間を言います。

「メールチェック疲れる」は対人関係に悩んでいるサイン。携帯電話が夜更かしやいじめの原因になるようであれば、携帯電話の使い方・友人とのつき合い方について子どもと考えてみる必要あり。

子どもの携帯電話事情

近年、子どもの携帯電話をめぐる諸問題が新聞やテレビで報道されました。親が子どもに与える物として携帯電話は、いろいろな注意や対処法が必要になってきたと考えられます。

◎なぜ、所持する年齢が下がってきたか？（なぜ小学生の所持が増えているか）

小学生の所持について最初は「本当に小学生に携帯電話は必要か？」と保護者の方も考えていたようです。多くの小学生は地域の小学校に通っているので、学校から帰宅した後に連絡を取りたい場合は、家の電話から友人の電話（家）へ電話するだけで用は足ります。

しかし、少子化により近所に同じ学校の友人がいなかったり、近くの小学校が隣の小学校と一緒になったことにより、バス通学が認められたり、保護者の帰宅が深夜になったり、塾・習い事・スポーツクラブに通うことで、大人とほぼ同じ時間帯で生活する子どもが増えてきたのです。子どもにも携帯電話を持たせた方が良いと考えるようになったのは、子どもより先に保護者かもしれません。

加えて、変質者に対処する道具となる防犯ブザーの機能を備えた子ども向けの携帯電話の開発により、小学生の所持率は上がりました。

◎携帯電話を持たせるにあたって

携帯電話を持たせるにあたって第一の目的は安心と安全です。

小学生など幼いうちは子どもが希望する機種よりも、安全面を考慮した子ども向けの機種を購入するようにしましょう。子どもはどうしてもデザイン優先に考えてしまいがちですが、安全を最優先すべきです。

料金については、毎月の明細をチェックし、携帯電話の使い方を確認することが大切です。子どもは誰でも失敗しながら上手くなります。

最初のうちは、つい電話を使いすぎて料金が高い……ということになりやすいものです。

また、何も確認せずに払ってあげていては、子どもの知らないところで料金が発生し、「それを払ってくれている人がいる」ということを認識出来ずに使ってしまいます。「どのくらい使えば、いくらくらいになる」ということをきちんと把握させましょう。

料金形態もよく変わるので、家族でお店へ出向き、店頭のスタッフの方から直接話を聞くことをおすすめします。

◎携帯電話からのネット利用について

小中学生には携帯電話からのインターネット接続、特にアクセス制限無しの環境は不要だと思います。家族共有でパソコンを利用している場合、インターネットを利用しても、履歴や画面の様子から誰が何をしているかは家族にわかるので、有害サイトなどへのアクセスにブレーキがかけられます。

しかし、アクセス制限がなされていない個人の携帯電話でのネットは、出会い系をはじめとする『未成年に禁止されているサイト』や『オークション』、『学校裏サイト』などを簡単に閲覧することが出来ます。こうした危険なサイトにアクセスしないようにするためにも、ネットを使った調べものなどは家や図書館のパソコンなどを使うよう促し、出来るだけ携帯電話でインターネットを利用出来ない環境にすることが望ましいです。

◎『フィルタリングサービス』について

有害サイトアクセス制限サービスのこと。『学校裏サイト』はじめ、『アダルトサイト』などの有害な情報にアクセス出来ないように制限をかけるサービスです。また、ブロックしたいサイトをあらかじめ設定したり、インターネットを利用出来る時間なども利用者サイドで設定出来ます。

『青少年ネット規制法』の施行（２００９年４月施行）により、携帯電話事業者にはフィルタリングサービスの提供が原則義務づけられました。パソコン用のサービスでは、『Ｙａｈｏｏ！』をはじめ大手プロバイダーなどが、無料で試せる期間を設けていたり、フィルタリングソフトを提供しています（２００９年現在）。しかし、このサービスも有効ではありますが、絶対的な対応策にはなっていないのが現状です。やはり、有害なサイトへ子どもがアクセスしないよう保護者が注意することが重要です。

【携帯電話用フィルタリングサービス】

株式会社ウィルコム
http://www.willcom-inc.com/ja/service/filtering/index.html

『有害サイトアクセス制限サービス』は無料で利用が可能。全国のウィルコム取り扱い店・ウィルコムプラザで申し込みが出来る。

株式会社ＮＴＴ docomo
http://www.nttdocomo.co.jp/service/safety/access_limit/index.html

制限するサイトのレベルによって、『キッズｉモードフィルタ』『ｉモードフィルタ』の２つのサービスメニューがある。また、時間帯でのアクセス制限もしている。

ＫＤＤＩ株式会社
http://www.au.kddi.com/anshin_access/index.html

接続先限定コース（小学生向け)、特定カテゴリ制限コース(中学生向け)、親権者の許可したオリジナル制限コースなどがあり、親権者の許可したオリジナル制限コース以外は月額無料で利用が可能。親権者の許可したオリジナル制限コースを利用する場合は月額１０５円（税込)。

ソフトバンク株式会社
http://mb.softbank.jp/mb/support/safety/web/for_kids.html

子ども向けコンテンツを中心としたサービス『Ｙａｈｏｏ！きっず』や、有害サイトへのアクセスブロックするサービス『ウェブ利用制限』がある。登録料は無料。

ここで紹介した以外にも、財団法人インターネット協会のホームページ（http://www.iajapan.org/rating/nihongo.html）で携帯電話用のフィルタリングサービスを行っている企業やパソコン用のフィルタリングソフトの詳しい情報が閲覧可能。

利用者が18歳未満であった場合、保護者にはそのことを携帯電話事業者に申告することが法律で義務づけられています。
青少年のインターネット利用に対しては、フィルタリングサービスを行う携帯電話事業者はもちろん、保護者の理解も必要です。

第４章

お小遣い（お金）どう与えたらいいの？

～お金・物との上手なつき合い方～

SOS word

友達と遊びに行くから、お金ちょうだい！

小学校の高学年くらいになると、女の子は特に自立心が強くなり、子どもだけ、友人同士で「『遊園地』や繁華街へ買い物に行きたい」と言うようになります。

子ども達だけで何かを達成したいと思っていること（自立心）を邪魔するのも良くありませんし、子どもにとっても良い経験になるので、よほど危険な場所でない限りは快く送り出してみることをおすすめします。

友人の家へ遊びに行くときと同様、友人の保護者と連絡を取り、行き先や行く方法（交通手段）などを保護者側も把握し、帰宅時間なども取り決めておくと良いでしょう。また、その日の行動スケジュールを子ども達に決めさせ、予定通り進めるように約束しましょう。そうすることで、より自立心が育まれます。

また、子どもだけの外出の場合、友人の保護者と『お小遣い』についても相談しておくことが理想的です。

子どもへ与えているお小遣いの金額やシステムは、家庭によってさまざまあり、普段のお小遣いからでも、十分に外出費用が賄えるという家庭ならば問題ありません。しかし、普段のお小遣いで賄えるか不安という家庭もあるかもしれません。実際には『遊園地』の入園料や、飲食代・交通費……、また、買い物へ行ったときなど、予想外の出費も多いので、普段のお小遣いで足りると思っていても、賄えないこともあります。

このケースは子ども達だけでの外出なので、お金が足りなくなったときに支えてくれる保護者はいません。そのため、一緒に買い物に行く友人の保護者と〝事前に必要な金額を想定して決めておく〟ということが重要になってきます。

ここで金額を決めておくことで、一緒に行く友人や我が子のお小遣いが極端に少ない（多い）などの差額を気にせずに済むので、ともに対等に外出を楽しめる環境を作ることが出来ます。そして、友人とも相談しながらお金の使い道を考えるはずです。

金額を決める際の目安としては……

（例：『遊園地』の場合）

・入園料（小学生なら子ども料金）
・交通費（往復電車運賃、往復バス運賃など）
・飲食費（園内昼食費、飲み物）
・雑費（お土産やおやつ購入代）

……のように、必要最低限はかかるであろう金額を算出し、そこに雑費を足し、お小遣いとして渡せる許容範囲を相談しましょう。

さらに財布や携帯電話を紛失してしまったときのために、家への電話代としてお財布とは別の収納箇所（カバンのポケット部分や小銭入れ）にテレホンカードや20～30円ほどの小銭を入れておくと良いでしょう。

子どもだけの外出をさせるとき、初めての場合にはなおさら不安がつきものです。そしてその不安から、つい普段よりも多めにお小遣いを渡してしまう方もいるかもしれません。しかし、あまり高額なお金を持たせても、紛失や恐喝をされる恐れもあります。

どうしたら自立心を伸ばしてあげられるのか、保護者同士がじっくり相談して、与えるお小遣いについても、子どもに無駄遣いをさせない工夫をしましょう。

「友達と遊びに行く」は自立のサイン。持たせるお小遣いの金額や行動スケジュールなど、保護者同士が協力し、子どもをサポートしていくことが大切。

SOS word

テスト○○点取ったら○○買って‼

子どもが言う「今度こそテストで平均80点台を取るから○○を買って‼」という言葉からは、〝もう少しの努力でテストの平均が80点台に達する〟ということがわかります。このような目標を自分で掲げ、達成に向かって頑張っている姿は応援してあげたいものです。

実は「○○するから△△を買う」という『ご褒美作戦』は、年齢に関係なくその子どもが持っている力の一割増か二割増くらいを目標とするのが作戦を成功させる秘訣です。

ですから、「○○点取ったら○○買って‼」と子どもから言われたときには、〝もう少し〟の目標に対して、自分自身で喝を入れ、「ガンバレ」という励ましをしているのです。つまり自分で何かを成し遂げようとしているのです。

そのような考えは応援してあげたいものです。子どもが自分自身で立てた目標を達成した暁には、求められたご褒美を与えても良いと思います。

しかし、小学生のときには、子どもが欲しがりそうな物を親が考えて、成績が上がったり、私立の中学に合格したらそれを与えるというような〝物で釣る〟ことが成立していたかもしれませんが、中学生になると、小学生のときのように、親が用意した『ご褒美作戦』が上手く効果を発揮しなくなります。

小学生は自分の力量や、親から言われる目標の実際のレベルがよくわからないことが多いので、ご褒美を得るために素直にチャレンジします。

しかし中学生くらいになると、自分の実力と目標レベルのギャップがよくわかってくるので、実際に目標に到達出来るかを早く見極める力があります。そのため、「○○出来たら△△を買う」と、子どもが喜ぶようなご褒美を先に決めても、ハードルが高すぎると途中で諦めてしまうことが多いのです。加えて、中学生になると〝自分から見ればレベルの高い目標〟を掲げても、それが友人達や親から〝ハードルの低い幼稚な目標〟と思われてしまうと、恥ずかしいと感じて努力をやめてしまいます。そんな複雑な心境を抱える年齢になってきているので、必ずしも『ご褒美作戦』が効果的というわけではありません。

中学生くらいの子どもには前もってご褒美を決め〝物で釣る作戦〟よりも、テストの平均点が上がったときに、親の方から「がんばったね」と言って褒めてあげたり、ご褒美を与えるのが良い方法です。

子どもは悪い点を取ったときも、良い点を取ったときも、親からのリアクションを求めています。しかし日頃から、子どもの平均的なスキル（能力）を把握していないと「何を・どのくらい、注意する or 褒める」などの、基準がわからなくなります。そのようなことにならないように、日頃から子どもの力や目標を把握しておいて下さい。

我が子のやる気を引き出すためには、『ご褒美作戦』が効果的なのか、それとも、それまでの努力や結果を褒めてあげることが良いのかは、それぞれの家庭で違います。

その子どもに合った方法を見つけ、頑張っている子どもを応援してあげましょう。

「○○点取ったら○○買って!!」は意欲的なサイン。『ご褒美作戦』以外にも、成績が上がったときなどに褒めるなどのリアクションをすることが子どもにはより効果的。

目標
100点！
頑張ったらご褒美あげるわ
よく頑張ったわねえー
100

SOS word

もう遅刻しないから○○買って!!

先程の『テスト○○点取ったら○○買って!!』で出てきた『ご褒美作戦』と似た次のようなケースがあります。

よく遅刻をしてしまう我が子から、「もう遅刻しないから○○買ってよ!」というような提案があった場合です（セリフにある○○に入るのは、ゲームソフト・携帯電話などの物と仮定して下さい）。

この状況では、大半の方が「自分から言い出したことだし、〝遅刻させないため〟にも買ってあげても良いかな……。遅刻したら〝取り上げる約束〟を設定したら、取り上げられないためにも遅刻せずに頑張ってくれるかな?」と考えるかもしれません。

この考え方は遅刻をさせないために、交換条件の約束をさせているので、先程の『ご褒美作戦』と同じように思われますが、まったく異なるものなのです。

まず、このケースは〝遅刻しないこと〟を〝努力目標〟にしているところが問題です。〝苦手な科目の成績を上げる〟といった目標と似ているようでも本質が違います。

〝遅刻しないこと〟は学校だけでなく、社会生活において原則として当たり前のことです。朝起きるのが苦手な子にとってはつらい気持ちもわかりますが、本来〝遅刻しないこと〟は〝努力目標〟ではなく、出来て当たり前のことなのです。「出来て当たり前のことをして、ご褒美をあげる」ということには違和感を感じるはずです。

仮に〝遅刻しないこと〟を条件に『ご褒美作戦』を実行したとしましょう。小学校低学年ぐらいまでは、大事な物を親に取り上げられないために努力し、実際に遅刻をしなくなるかもしれません。しかし、小学校高学年や中学生くらいになると、遅刻したからといって、そう簡単に自分の大切な物を親には渡そうとはしません。つまり、親が子どもから取り上げること自体が出来なくなる可能性が大きいのです。

『ご褒美作戦』は取り上げられるのが嫌だからこそ効果を発揮する方法ですから、取り上げられない場合は、何の役にも立ちません。むしろ、親子の関係が悪化するだけです。

特にゲームや携帯電話など遅刻する原因である「夜更かし行為」に関係するものを『ご褒美』として与えてしまうと、遅刻防止に役立たないばかりか、遅刻の原因にもなりうるので、なおさら良くありません。極論を言うと、「もう万引きしないから、月々の小遣いを2倍にしてよ」と言っているのと同じことなのです。

〝遅刻しないこと〟に限らず、普段の生活で出来て当たり前のことと引き替えに子どもが言う「××（出来て当たり前の事柄）しないようにするから〇〇して」といった交換条件は、プラスになるどころか、むしろ場合によっては、子どもにとっても保護者にとってもマイナスになることがあるのです。

遅刻が多い子どもへの正しい対処・指導法としては……

・遅刻の原因になりやすい物事に〝時間の制約〟を設ける

たとえば、ゲームでもRPG（ロール・プレイング・ゲーム）のように、やり始めたら止まらなくなり、深夜までもやってしまうゲームは、プレイする時間を早朝のみ許可してみて下さい。深夜のお笑い番組も〝寝る・寝ない〟の親子ゲンカをしながら見せるより、録画して早朝ゆっくりと見せましょう。

「夜更かしになるから」と、ただ禁止するのではなく、このように夜は禁止しても早朝の時間帯に許すことで、結果的に早起きをさせ、登校までの時間を有意義なものにさせることも可能です。

また、今までは親が早々と出勤し、その後に子どもが登校する……というパターンで生活していた家庭も、顔を合わせる機会が増えるので、親子のコミュニケーション不足を解消することが出来るのではないでしょうか。

・遅刻が多くなったり欠席日数が多くなったりすることは、自分の評価を下げてしまうことを教える（損得感情で判断して動く傾向が強い子どもの場合）

推薦で高校に進みたいと考えている子どもには、遅刻が今後の自分自身にどう影響するのか教えることも有効手段です。

たとえば、中学校の推薦枠が１名しかなく、同じ評価の成績の生徒同士が推薦を希望した場合、「遅刻や欠席の少ない生徒」が推薦される可能性が高いことを伝えて下さい。大学受験での推薦においては「〇日以上の欠席者は推薦しない」という決まりのある高校もあります。

以前は定期テストさえ良ければ、個人の評価は高かったのですが、現在の評価は日常の学習態度や生活態度、文化活動も含めて総合的に評価されます。したがって、遅刻をしないことも「勉強している・努力している」のと等しい評価になるのです。どんなに勉強の成績が良くても、日常生活の評価が悪いと、結果的に自分の評価を下げてしまうのです。

子どもが遅刻を繰り返していると、「あの家庭は子どもの遅刻を直そうとしない、放任しているルーズな家庭だ」などと、遅刻している子どもだけではなく、その家庭や保護者までもがルーズだと思われてしまう場合もあります。

遅刻など普段の生活で出来て当たり前のことが出来ない子どもに対して、ご褒美などの物を使って出来るように努力させることはおすすめ出来ません。それよりも、保護者が遅刻しないように手助けをしてあげたり、「遅刻することがどういうことになるのか」を子ども自身に考えさせ、子ども自身で改善していけるように努力させることが重要です。
日常生活で出来て当たり前のことが苦手な子どもに対しては、どのような方法が一番効果的なのか、子どもと一緒に話し合ってみてはどうでしょうか。

「遅刻しないから〇〇買って」と言われても、安易に買ってあげてはいけない。逆に遅刻する原因を作ったり、親子関係が悪くなる原因になることもあるので要注意。

SOSword

お小遣いもっとちょうだい！

子どもから「○○くんは○○円（金額）もらってるから、ウチもお小遣いをもっとちょうだい！」と言われたことがあるかと思います。

子ども達のお小遣いは、各家庭での掟や特色があり、金額もさまざまだと思います。決して周りと合わせる必要はなく、子どもから指摘されても、親が決めた額で良いのです。

友人の親と仲が良く、親同士が相談してお小遣いを同じ額に決めている、という家庭もあるかと思います。その方法も良いでしょう。

お小遣いに〝いくらだと安くて、いくら以上は高い〟というモノサシはありません。たとえば、「我が家は毎月や毎週といった『定期的なお小遣い』は必要ない」という考え方も良いと思います。

なぜなら、基本的に公立の小・中学校の場合は、毎日、学校へお金を持って来なくても生活出来るように運営されているからです。子どもが学校から親に電話をするときも、校内の公衆電話を使用させる際に、テレホンカードや10円玉を貸し出している学校もあります。したがって、お金を持たせないと連絡が取れないということはありません。

しかし、定期的にお小遣いをあげていない家庭では、ときどき「欲しい物があるか・いつ必要か・どんなものか・おおよその金額」などは、必ず聞くようにして下さい。「なぜ欲しいか、なぜ必要か」などを子どもの口から伝えられるようにするためにも、話を聞き、そして質問をしてみて下さい。「何が・なぜ・どう必要なのか」という、ここでのやり取りがコミュニケーション不足を補ったり、コミュニケーション能力の練習になります。

子どもは欲しい物については、きっと手抜きをせずに訴えてくるでしょう。「何が・なぜ欲しいか」を理論づけて話せるかどうか、子どもの成長を認識する上でも、非常に良いことです。

驚かれる方もいると思いますが、小学生でもお小遣いを月々1万円も与えている家庭もあります。しかし、高いか安いかは、金額だけではわかりません。金額だけを聞かずお小遣いの内訳をよく聞いてみると良いでしょう。

たとえば、この1万円にバスの定期代が含まれていたり、毎日の朝食代や、たまの夕食の代金まで含まれていたら、決して高額ではありません。ただし、小学生のお小遣いで、毎日のおやつ代金だけに月々1万円というのなら多すぎるでしょう。無駄遣いの元になるので、与えすぎは控えましょう。

また、必要以上のお金を持たせていると、思わぬ事件やいじめの原因になりかねません。月々のお小遣いは千円だけど、本屋さんで買う本はお小遣いとは関係なく買ってあげる（※1冊読み終えるごとに次の本の購入をするなど）という掟を設けている家庭もあります。

大切なのは、金額に惑わされないこと。「○○ちゃんの家は○○円もらっている」や、「みんなは○○円もらっている」という子どもの言葉だけを鵜呑みにしないことです。お小遣いは、各家庭で決めた金額で良いのです。

さらにつけ加えると〝何に使うかわからないお金〟は絶対に渡さないことです。与えたお小遣いの金額と、「ウチは○○円与えているけど、大半は△△と□□に使っているようね」という子どもの収支状況を正しく把握していることが大切です。

これを怠っていると、いじめや非行などの問題発生につながることもあります。

お小遣いは家庭ごとに、その子どもに見合った金額を与えるようにして下さい。

「お小遣いもっとちょうだい」は子どもの意見を聞くチャンス。いじめや非行といった問題に巻き込まれないように、お小遣いはその子どもに見合った金額を与えるようにすること。

SOS word

友達からお金をもらった、預かった、借りた……

現在、都市部では家や学校の周りにもコンビニをはじめ、多くの商店があります。そのため、友人同士で〝お金の貸し借りをまったくしたことがない〟ということは、ほとんどないと思って良いでしょう。

しかし、親が与えた覚えのないお金（特に、親が渡さないような大金）を子どもが持っている場合は要注意です。

そのお金の出所を把握しておく必要があるので、必ず「なぜ大金を持っているのか」を尋ねて下さい。

すると、親からの問いに、子どもはいろいろな理由をつけて答えるはずです。しかし、そのときに子どもが「もらった・預かった・借りた」と言っても、ほとんどは良いお金ではないので絶対に安心しないで下さい。

たとえば、お金が欲しいときに、親にお小遣いの交渉をする面倒を避けるために、容易に自分の持ち物を売り払ってお金にしたり、力の弱い者に自分のいらなくなった物を高く売りつけて得たお金ということもあります。

逆のケースでは、ゲームなどで賭け事をして、賭けに負けてしまったとき、その負け分のお金を借りている場合もあります（もちろん非合法です）。この場合、単に飲み物やおかしなどの食事代の貸し借りではないので、親や学校に言えないのです。

たとえ、本当にもらったり、預かっていたりしても、子どもに大金を持たせておくのはよくありません。返さないとトラブルの元になることを指導して下さい。

指導するときの例としては……

■預かっているお金そのものの出所が不明の場合・盗品かもしれない場合

警察沙汰になる可能性を説きましょう。

■お金を預かっているだけで非常識な報酬をもらえるとわかった場合

犯罪に絡んだ可能性が高く、我が子の共犯性も高くなってしまいます。こちらも警察沙汰になる可能性があることを説いて下さい。

■預かっているお金が高額の場合

預かっている間にお金をなくしてしまうかもしれないこと・なくしてしまった場合は同額返却しないといけないので、預かっているお金が高額だとお小遣いの範囲で返せないことを説きましょう。

■友人にもらったと高額のお金を持っている場合

いじめの可能性もあるので、もらった理由を追究して下さい。

いずれにしても、お金を預かっている場合は、預かった金額だけでなく、「誰のどんなお金なのか、期間はいつまで、なぜ預からないといけないのか」を必ず確認して下さい。ひとつでもわからないところがあれば、絶対に預からないように子どもに注意しましょう。また、「友人からお金をもらった」という場合も、何らかのトラブルの原因になるので、返金するように指導しましょう。

理想を言えば子ども同士のお金の貸し借りを禁止することが一番です。しかし、そこまで制限することは難しいと思います。

どうしても貸し借りする必要性（学校や塾で急に必要なお金が出来たとき）がある場合には、借りるときだけでなく、貸すときにも『親と相談する習慣』を身につけておきましょう。相談する癖をつけておくことで、なぜ借りるのか・なぜ貸すのかを確認することが出来、お金を借りた場合にも、すぐに返却することが出来ます。

自分の子どものお金が減っていることについては「盗られたのでは……？」と強く心配するのに、渡してもいない大金を子どもが持っていることに対しては平然としている家庭があります。

それは〝物わかりが良い〟のではなく、放任やネグレクト（虐待）傾向（※注）の親・家庭であると思われます（放任傾向かどうか心配な方は１６３ページにある『親の干渉と子どもの自立の関係』の表をご参照下さい）。

日常生活で〝普段のお金の使い方〟に注意していないと、子どもの間違いに気づくことが出来ません。そのためにも、子どもの収支状況を把握することは大切なのです。

※『ネグレクト』

親が子どもを正しく養育しないすべてのことを虐待（ネグレクト）と呼びます。しつけと称して体罰を与えることが有名ですが、食事を作らなかったり、お風呂に入らせない、衣類を着替えさせない……なども虐待のひとつとしてネグレクトと称しています。

「友達からお金をもらった、預かった、借りた」は心配なサイン。与えた覚えのないお金（特に大金）を持っている場合は要注意。

親の干渉と子どもの自立の関係

干渉レベル	親の干渉態度	子どもの自立度
1 放任	しつけは終わったから、後は先生に怒ってもらえば良いだろうと考えている。育つように子は育つ。	ある程度自立しているが、まだ悪い方向にも進む危険がある。目標などがある子は良いが、無い子は道に迷う。
2 普通	周りの子どもの親や、学校の先生の情報をもとに、気にしながら考え、子どもを干渉している。	助けて欲しいときや、助けが必要な場面だけフォローしてあげられるととても良く伸びる。また、この逆で、干渉しすぎは自立が遅れる。
3 やや強い	普段は干渉した態度を表面に出さないが、日頃我慢している分、ときどき爆発してしまう。	親の干渉が爆発したときは常にぶつかり合うが、そのぶつかり合いによって、お互いの理解を深めることも出来る。
4 強い	常に口うるさく言って、子どもの日常に介入する。親の言う通りにさせようとし、買い物は必ず同伴する。	自立時期はとても遅れる。自立が遅れるだけでなく、子どもからひどい反抗を受ける可能性が非常に高い。

「親離れ」させることは大切ですが、“子離れ”と“放任”は、性質がまったく違うということをよく理解して下さい。

たとえ成績が良い子どもでも、親離れ出来ているとは限りません。

干渉しすぎると自立が遅れてしまいますが、放任しすぎては素行が悪くなってしまう可能性があります。

適度な距離を保ちつつ、子どもと接すると良いでしょう。

SOSword

図書館の本だから、1冊くらい平気……

もし、常日頃から親が「レンタルビデオ店で自分の借りたＤＶＤが、１枚くらいなくなったり返却が遅くなっても平気」という態度を取っていたら、子どもはどのような影響を受けるでしょうか。また、最近では、公共の図書館の本を切り抜いて持ち帰ったり、私物のようにメモを書き込んだりする大人が増えて大変な問題になっています。

子どものモラルは、親の見よう見真似で育まれます。そのため、親のこんな態度を見ていたら「学校の本は無料レンタルだ。返すのが遅れてもお金を取られないから平気」と感じ、他人の物（自分の物以外）をぞんざいに扱うような人間に育ってしまいます。

身近な学校の図書館の本とはいえ、自分の持ち物ではないものをいい加減に扱ったり、借りた物を返さずに自分の物にしてしまうのは絶対にいけません。親がこのような公共性に欠ける態度を取っていたら、子どもも同じことをするように育ってしまいます。

「自分の意思で借り、自分の意志で返却を出来なくてはならない」という当たり前のことが出来ないようでは困ります。小学生はもちろんですが、中学生になったら特に、大人への仲間入りをしたと捉え、公共性をしっかり教えて下さい。

もし、現在子どもの本棚にある書籍に「学校の本があるかもしれない」と不安に感じた場合は、すぐに本棚のチェックをすることをおすすめします。

親のルーズさは子どもにも影響します。子どもに注意しておきたい社会のルールでも、親が出来ないことを子どもが出来るはずがありません。必ず身につけておきたいことほど、周りの大人が率先して良いお手本でいるように心がけて下さい。

親も社会的なモラルを守り、その上で子どもに正しいモラルを伝えましょう。


「1冊（1枚）くらい平気……」はモラルに欠けるサイン。周りの大人も公共性に欠ける態度を子どもの前で取っていないか、見直してみる必要あり。

SOS word

どんな本買っても俺の勝手だろ！

子どもにお小遣いを与えていると、雑誌等を購入する程度の少額使用であれば〝何を買ったか〟の報告をわざわざしなくなります。

ここでは、男の子に特にあてはまる場合を考えていきます。

多くの場合、親に知られたくない本（アダルト雑誌などR指定のもの）は、友人の兄弟が持っているものを借りてきたり、中古品を扱う本屋で安価に購入したりしています。

ただし、購入する量が多くなり、計算すると〝与えているお小遣い〟よりも本の値段総額がかなり高額になっている場合には、本人に確認をする必要があります。なぜなら、万引き行為や友人から奪ったということも考えられるからです。

そして、今や本もゲームソフトも、表紙やタイトルだけで簡単に安心してはいけません。

たとえマンガ好きな中学生の男の子でも、「ウチの子はまだまだ子どもだわ」と、安心していたら大間違いです。表紙やタイトルは普通のマンガ風でも、中味は性器丸出し・性交描写も詳しく描かれているマンガ本を集め、部屋の本棚に堂々と並べていた……ということも実際にあるのです。ゲームに関しても表紙やタイトルは少女マンガ風ですが、内容は裸の女の子にコスプレをさせるような内容のものもあります。

その手の本やゲームに共通するのは高額商品であること。

子どもが欲しいと言うマンガ本やゲームソフトがやたらと高額だと感じたら、内容を疑う必要があります。

「どんな本買っても俺の勝手だろ」は要注意なサイン。与えているお小遣いよりも本の総額がかなり高額な場合や、本や雑誌、ゲームなどが急に増えたなどは、万引き行為等も考えられます。その場合は必ず本人に確認することが必要。

SOS word

みんなが持ってる〇〇が欲しい

子ども達は、何かを欲している理由に「みんなが持ってる」と挙げることが多いものです。しかし、「みんなが持ってる」という一言だけで「そうか、みんなが持っているのなら」などと、安易に与える必要性はありません。

まずは、この言葉に子どもの無意識の心理が含まれていることを知って下さい。

子どもは「〇〇が欲しい」という気持ちの前提に、欲しい意思を伝えたところで、親から「わかった、買ってやる」という良い返事が返ってこないと感じています。そのため、どうしたら欲しい物が買ってもらえるかを子どもなりに考え、「みんなが持っているのに、私だけ持ってないのはかわいそうでしょ？　だから買ってよ」と、すぐに買ってもらえるよう理由づけをしたいだけなのです。

したがって、安易に与える前に「なぜ、みんなが持っているのか」「なぜ、同じ物を必要としているのか」をきちんと聞き出して下さい。

大切なことは、親からの質問に対して子どもが自ら話して伝えることです。これにより、買いたい物の良い点や必要性が親目線で理解出来ますし、子ども自身も「なぜ、今必要であるか」について再認識出来るのです。

「買う・買わない・我慢させる」などの選択は、欲しい物の内容を知ってから判断すれば良いのです。大切なのは、買ってあげるか否かではなく、子どもにとって必要な物か否かなのです。

「みんなが持っている」という言葉を聞いたとき、ただ単に「友達が持っていて自分の子どもだけ持っていないなんてかわいそう」と受け止めるのではなく、持っていないことが〝本当にかわいそうなことなのか〟をよく考えなくてはいけません。子どもとじっくり話をして、本当に必要な物で、「たとえ友達が持っていなくても欲しい！」と親に伝えられるのであれば、購入を検討しても良いかと思います。

両親が忙しく、その穴埋めとして〝子どもの欲しがる物を何でも買い与えてしまっている〟というのは、子どもにとって良くありません。欲しい物を買い与えることが子どもの成長にすべてプラスに働くとは限らないのです。

年齢に不釣り合いな物を与えると、起こるトラブルもそれに合わせて、その子どもに不釣り合いな、より困難なトラブルになる可能性があります。

たとえば、現在どこの家庭にも起こっている携帯電話の所有問題が挙げられます。小学生が使っている携帯電話に架空の請求書が届き、振込詐欺の被害に遭ったという報告もあります。

また、有害サイトなどへのアクセスを制限させていないことで、『学校の裏サイト』への書き込みが行われたり、ひどいケースでは、いじめに遭っている子が顔写真を卑猥な画像と合成されて、「援助交際して下さい」という内容で『出会い系サイト』の掲示板に無断で投稿されてしまうということもあるようです。

子どもの周りで起こっているトラブルも年々悪質化しているので、その原因になる環境を大人が作らないように注意していなければならないのです。

ただし、学校で購入すべき物・必要な物は、なるべく早く与えましょう。なぜなら、友人やクラスメイトよりも与える時期が遅れてしまうと、その子が不必要に目立ってしまうことになり、いじめに遭う原因などの悪い可能性が出てくることもあるからです。

そこで、「本当に欲しい物」か「思いつきで欲しいと感じた物」かがはっきりとわかる方法があります。紙とペンさえあれば簡単に出来るので、試してみてはどうでしょうか。

①子どもが欲しい物とそう思った日付を書き、目の届くところに貼ります。
（欲しい物がいくつかあるときは、欲しい順に番号を子どもにふってもらいます）
②思い立った日付の下に、赤などの目立つ色で３ヵ月先の日付を書き込みます。
③思い立った日から３ヵ月経過しても、子どもがまだ欲しいようであれば購入を検討します。

この方法では、欲しい物がいくつかあるときには、「その中からどれを先に買うか」比較の力を育むことが出来、長期的に自分に必要か否かを考える力を養えます。

また、目に入った物を考えなしに購入する『衝動買い』への抑制が期待出来て、無駄な出費を抑えることが出来るほか、欲しい物があってもすぐに手に入らないので、「夏に欲しい物は春先からオーダーしないと買ってもらえない」というような長期的な視野で計画を立てるという姿勢が身につきます。

こうすることで、子どもへの無駄な買い与えを防止し、かつ子ども自身の〝欲しい物に対する考え方や姿勢〟も育むことが出来るのです。

子どもを信じることは悪いことではありませんが、子どもの言葉を鵜呑みにしすぎるのは良くありません。

思わぬトラブルになりかねないので、年齢に不釣り合いな物を与えたり、欲しがる物を何でも与えることのないようにしましょう。

「みんなが持っているから」と言われて〝かわいそう〟と買ってあげてはいけない。安易に与えるのではなく、欲しい物の必要性や重要性について話し合うことが大切。

1. ケータイ
2. ゲーム
3. 服
3ヵ月後

SOSword

○○（祖父母）に買ってもらうから……

欲しい物をなかなか親が買ってくれないとき、子ども達は祖父母に買ってもらおうとする場合があります（もちろん祖父母がいる場合）。

子ども達は、欲しい物を親から直接買ってもらえない場合、「それなら買ってやろう」と言ってくれる、祖父母がいることをよく知っているのです。そのため、親がなかなか買ってくれないとなると、祖父母にねだりに行くようになり、その流れが常習化すると、子どもははじめから親に頼まず、直接祖父母に欲しい物をねだるようになってしまいます。

この場合、祖父母と両親がうまく連携が取れていると良いのですが、そうでない場合には注意して下さい。

たとえば、祖父母は「お母さんはケチだから。おじいちゃんが買ってやる！」などと言い、両親が「おじいさんやおばあさんに買ってもらうなら、今後もう買わない」などと対立したことを言うと、子どもはどちらの話や指示を聞けば良いのか迷ってしまいます。

祖父母は、孫を喜ばせたい一心でいろいろと買い与えてしまうケースもあるので、子どもに何でも与えることが教育上不都合だと思うときは、きちんと話し合って下さい。

たとえば「なぜ○○（ゲームソフトなど）を買ってはいけないのか」は「ゲームばかりして勉強しないから」や「ゲームで遊びすぎると視力が落ちるから」というように、わかりやすく祖父母に伝える必要があります。

祖父母と両親それぞれが子どもに買い与える物を分類し（あるいは買い与えてはいけないものを決めておき）、あらかじめ『我が家の掟』（次ページを参照下さい）を作っておくことをおすすめします。

祖父母がいる場合は、安易に子どもに買い与えないように連帯を取ることが肝心。

我が家の掟

本書ではさまざまな場面で『我が家の掟』という言葉が出てきます。実際に各家庭ではどのような『我が家の掟』があるのでしょうか。

〈生活編〉

■我が家は自営業なので、子どもには家の手伝いを毎日1時間程度することに決めています。

■土曜日・日曜日でも、遠くに行くときには制服を着て行くようにさせています。制服を着ていることで、○○学校の生徒だと自覚し、行動に責任を持ってもらいたいからです。

■トラブルを防ぐために我が家では、友人からもらった物や借りたものはすべて報告するようにしています。

■外出の際には、帰宅時間の他にも、外食した場合はその内容を帰宅時に報告させています。

偏った食生活を心配して聞いているのですが、子どもにはかなり嫌な顔をされます……。

■コミュニケーション不足にならないよう、我が家では週末に家族でカラオケボックスへ行くようにしています。

〈お小遣い編〉

■我が家には、好きな洋服は高校生になってから買えるというルールがあります。これは、中学生までは好きな洋服を買うときには親が同伴するということです。華美な服装になったり、買いすぎたりということを心配してそのようにしています。

■お小遣いでは買えないような高額な商品が欲しいときは、必ず周りの大人（祖父母や親）に報告するようにさせています。その報告を聞いて家族で話し合い、必要ならば買うように検討しています。

■マンガ以外の本については、自由に買ってあげるようにしています。

■周りからは早いと言われましたが、我が子専用の通帳を作り、お小遣いを自己管理させています。

■文房具代や洋服代、塾などで帰りが遅いときの夕食代を含めて、月々1万円を与え、自分でやりくりさせています。金銭感覚が身についてきたようで、自分で工夫して毎月やりくりしています。

〈携帯電話編・携帯電話を持たせている家庭の場合〉

■子どもに携帯電話を持たせていますが、使いすぎないように料金に限度額を設けています。料金の上限を越えたら、次の月まで我慢させています。

■学校では禁止しているようなので、土日だけ使用させ、学校へは持ち込まないようにさせています。

■親との連絡以外では使わせていないので、必要最低限（電話とメール）の機能しか搭載していない携帯電話を持たせています。

■携帯料金が安く済んだ月は、上手にやりくり出来たことを褒めています。

〈携帯電話編・携帯電話を持たせていない家庭の場合〉

■携帯電話を持たせていないので、友達とのメールは家のパソコンでやらせています。
■ウチの子はまだ小学生なので、携帯電話は中学校の入学記念で購入する約束をしています。
■私（母親）の携帯電話であれば、私がその場にいることが前提で携帯電話の使用を許可しています。
■友人との電話で、相手も家の電話であれば多少の長電話は許しています。女の子なので、それくらいは仕方がないのかなと思います。

各家庭で『我が家の掟』は違います。

本書に載っているものを参考に、その家庭にあった『我が家の掟』を作ってみてはいかがでしょうか。

※ここに出てくる『我が家の掟』は著者が実際に聞いたものに基づいています。

チェックシート

子どもに対する理解度がわかる
チェックシートです。
どのくらい我が子のことを理解しているか、
このチェックシートを使って、
子どもとの関係を見直してみましょう。

チェックシート〈子ども編〉

我が子を振り返って、あてはまると思うものには○、わからないものには△、あてはまらないものには×をチェック欄に記入していきましょう。

◆　◆　◆

1 最近親の話を聞かなくなったばかりか、無視するような態度を取る □

2 学校や友人の話を、家の中でまったくしなくなった □

3 子どもの口から他人の悪口をよく聞く □

4 意味不明な大声を出す □

5 携帯電話の料金は家族でまとめて引き落とされるので、子どもは自分の使用料を把握していない・使用料が高額になっても反省しない □

6 最近服装が派手になり注意したことがある □

7 見た目を気にするようになり、自分自信の容姿のことで悩み、ふさぎ込むことが多くなった □

8 食べ物の好き嫌いが激しくなり、アレルギーなどがないのに食事制限をしている □

9 最近、体調を崩しやすくなった

10 部屋に見慣れない物がある、または増えた

11 お小遣いを頻繁にねだるようになった

12 子どもには不釣り合いな高額な現金を所持している

13 子どもあてに、聞いたことがない名前から電話がかかってくる

14 無言電話やいたずら電話が増えた

15 親が不在時に、友人をよく家に招くようになった

16 無断外泊や深夜の外泊が多くなった

17 洋服や身体にキズ・ケガ等がやたらと増えた

18 学校を休みがちだ

19 ブログなどのチェックは、毎日深夜まで必要以上にやっている（帰宅後は就寝時間までパソコンの前にいることが多くなった）

20 勉強のことを相談されたことはない

《計算の仕方》

合計点○は1つにつき2点、△は1つにつき3点、×は1つにつき1点とし、合計点を計算して下さい。

合計　　点

チェックシート〈親　編〉

あなたと子どもとの関係で、あてはまると思うものには○、わからないものには△、あてはまらないものには×をチェック欄に記入していきましょう。

◆　◆　◆

番号	項目	チェック
1	子どもの気持ちへの対応には自信がある・子どもの気持ちがわからず難しいと感じたことはない	
2	子どもの話をいつも「忙しいから」と後回しにしがちだ	
3	悪いテストの結果については「なんでこうなったの！」といつも子どもを責めるような言い方をしてしまう	
4	子どもの話をいつも鵜呑みにしがちだ	
5	我が子をよく褒めるが、子どもの友人は褒めない	
6	子どもにかかってきた電話はすぐに取りつぎ、かけてきた相手について何も気にしたことはない	
7	我が子の友人で見た目が悪かったり、良くない噂のある友人を「家に呼ぶな」と常に言っている	

8
深夜にコンビニに行くことは大目にみている（深夜でも買い忘れたものがあれば、コンビニに買いに行ってもらう）

9
常に他人を批判する言葉を子どもの前でよく口にする

10
ウチには「我が家の掟」のような独自のきまりはないし、あってもその場で変わってしまう

11
周りが行っているので、我が子も塾に行かせている

12
子どもの成績が上がっても下がっても、特に褒めるなどのリアクションをしていない

13
子どもの言葉の乱れはそのままにしている・言葉の乱れに気づいていない

14
我が子の持ち物がなくなっているか、知らないものが増えているか把握していない

15
子どもの仮病に気づかない

《計算の仕方》
合計点○は1つにつき2点、△は1つにつき3点、×は1つにつき1点とし、合計点を計算して下さい。

合計
点

結果〈子ども編〉

20点～29点

今のところ、問題ないと思います。子どもの言動を常に注意し、ＳＯＳサインをそのままにせず、もしＳＯＳをキャッチした場合には、何をしたら良いのか、子どもと話し合ってみるのが良いでしょう。

30点～39点

ＳＯＳを上手にキャッチしているようです。問題が起きた際には、子どもと一緒になって解決していけるでしょう。

40点～49点

思春期だからしょうがないと諦めていませんか？

結果〈親編〉

15点～19点

今のところ、子どもとの関係には問題はないと思います。しかし、現状に安心しきるのではなく、子どもの成長に合わせ、親の対応も変化させる必要があります。

20点～29点

子どもとの関係に自信を持っても良いと思います。問題が起きた際には、子どもと一緒になって解決していけるでしょう。

30点～39点

「思春期だから」「忙しいから」など何か

確かに難しい時期ですが、諦めずに子どもをしっかり見てあげて下さい。些細な変化でも、きっとＳＯＳサインが発せられているはずです。

50点～60点

ＳＯＳサインを見逃していませんか？

子どもに何らかの問題が起きているかもしれません。空振りを恐れず、積極的に子どもに話しかけてみましょう。

◆ ◆ ◆

40点以上の方、△が多くありませんか？

このテストは「わからない」という解答に対して、「子どもを見ていない」「子どものこと気にしていない」と一番厳しく評価しました。
△が多い方は、子どもとの関係をもう一度見直してみましょう。

と言い訳をしていませんか？

子どもの変化を見逃さないようにしっかり見てあげて下さい。

40点～45点

やや放任傾向ではありませんか？

子どもに何らかの問題が起きているかもしれません。〝子離れ〟と〝放任〟の違いを理解し、子どもに接してあげて下さい。

◆ ◆ ◆

30点以上の方、△が多くありませんか？

このテストは「わからない」という解答に対して、「子どもを見ていない」「子どものことを気にしていない」と一番厳しく評価しました。
△が多い方は、もう少し自分の子どもを注意して見るようにして下さい。

おわりに　スクールカウンセラーという職業を通して

平成9年度から現在に至るまで、スクールカウンセラーとして教育・学校関係の現場で継続して仕事が出来たことが、この本を書く上で私にとって非常に貴重な経験となり、また臨床心理士として大きな自信になったと思います。

スクールカウンセラー導入期当時、「カウンセラーが学校にやって来る」というのはある意味「鎖国政治に対する黒船」と同じようなショックが学校にはあったように思います。

実際にスクールカウンセラーとして仕事を始めてみると「生徒に対して原則として授業中の面接は不可、放課後の面接も部活優先。授業中も放課後も面接する場合は担任、顧問の了解を得る……」など決まり事が多く、戸惑いがありました。そんな私と同様に学校側にも戸惑いがあったように思います。また、学校でのカウンセリングの難しさにも悩まされました。

しかし、現在では学校側はもちろん、生徒や保護者の方々からも理解を頂き、「スクールカウンセラーと共に問題を解決する方向に……」という姿勢を持って頂けるようになりました。特に生徒達からは「スクールカウンセラーがいて良かった」などの嬉しい意見も聞かれるようになりました。

本書に出てくる「ＳＯＳサイン」のほとんどが特別なことではなく、思春期の子どもにとっても、また思春期の子どもを持つ保護者にとってもごく普通に起こりうることです。悩みを抱えた子どもはもちろんですが、保護者の方々も悩みを抱え込まずに、学校や専門機関に相談してみることをおすすめします。

最後になりますが、広域的に精神医療活動を続けておられるドクターの齋藤先生のご協力のもとに本書をまとめることが出来、心より感謝致します。

この本がひとりでも多くの方のお役に立つことを願って。

臨床心理士・スクールカウンセラー　福谷　徹

監修者◆齋藤昌（さいとう・さかえ）

二子メンタルクリニック院長／医学博士

昭和15年生まれ。昭和大学医学部大学院精神神経医学科修了後、昭和大学神経科入局。その後、東京都立広尾病院神経科医長、東京都多摩総合精神保険センターリハビリ部長などを務め、多方面で活躍。現在は二子メンタルクリニック院長を務める。青少年から成人まで、心の悩みを持つ人々の相談や治療、リハビリテーションを行っている。

著者◆福谷徹（ふくや・とおる）

スクールカウンセラー／臨床心理士

昭和31年生まれ。大正大学カウンセリング研究科修了。教育委員会・生活指導相談室・生活指導相談員、南博心理研究所・研究委員、東洋大学・学生相談員を経て、現在、二松学舎大学附属高等学校スクールカウンセラー、（株）心理相談・プラスアルファー（http://plus-all.net/index.html）の理事を務める。（株）ベネッセ教育情報サイト（http://benesse.jp/）コミュニケーションコラムを担当している。著書には『男の子の上手な育て方』（太陽出版刊）がある。

気づいてますか？ 子どものSOSサイン

二〇〇九年十一月一日　初版第一刷発行

監修　齋藤　昌
著者　福谷　徹
イラスト　関上絵美
発行者　籠宮良治
発行所　太陽出版
〒一一三-〇〇三三　東京都文京区本郷四-一-一四
電話：〇三-三八一四-〇四七一
FAX：〇三-三八一四-二三六六
http://www.taiyoshuppan.net/
印刷　壮光舎印刷株式会社
株式会社ユニ・ポスト
製本　有限会社井上製本所

ISBN978-4-88469-640-5